TravenBooks

— 119 —

EDIZIONI
ALPHABETA
VERLAG

Jörg Zemmler (vormals Zemmer), geboren 1975 in Bozen, Südtirol, im selben Gebäude, in dem er später die Handelsoberschule besuchte und mit 39 von 60 Punkten abschloss. Werdegang mit Blockflötenunterricht, Singkurs, Skikurs (samt unerfolgreicher Rennerfahrung), Ministrant, Fußball (B-Jugend VSS-Landesmeister) und Zweisprachigkeitsprüfung(en). Mit 18 das Land verlassen, Studium der Politikwissenschaften in Innsbruck. Danach Wien, verschiedene Preise, Veröffentlichungen von Büchern und Musik, zuletzt zwei bei Klever/Wien und eines bei Limbus/Innsbruck. Lebt (immer) und arbeitet (möglichst im Sommer nicht) in Seis (Südtirol) und Wien (Österreich).
joergzemmler.net

Jörg Zemmler

Neueste Südtiroler Landeskunde

116 Dorf- und Stadtstiche

mit Zeichnungen des Autors
und einem Vorwort von
Günther Pallaver

TravenBooks

Gefördert von der Autonomen Provinz Bozen – Südtirol

AUTONOME PROVINZ BOZEN SÜDTIROL
PROVINCIA AUTONOMA DI BOLZANO ALTO ADIGE
Deutsche Kultur – Cultura tedesca

Bozen, Amt für Kultur

2. Auflage 2024

Zemmler, Jörg: Neueste Südtiroler Landeskunde
116 Dorf- und Stadtstiche

Layout und Umbruch: A&D
Umschlag: Jörg Zemmler, *Toblach, Kreisverkehr*
Zeichnungen: Jörg Zemmler
Printed in Europe

ISBN 978-88-7223-410-5

Alphabeta ist ein Imprint der Edition Raetia
www.alphabeta-books.it
Infos: alphabeta@raetia.com

Günther Pallaver

Die Wirklichkeit der Fantasie

Es darf angenommen werden, dass mit Erscheinen dieses Werkes die Fachleute der Toponomastik, Jurist:innen, Historiker:innen, Geograf:innen, Anthropolog:innen und noch weitere Expert:innen aus unterschiedlichen Disziplinen zu einer Krisensitzung zusammengetreten sind, um die Stichhaltigkeit dieser Dorf- und Stadtstiche zu überprüfen.

Das Ergebnis soll desaströs, die Sitzung aber lustbetont, fröhlich, ja sogar ausgelassen gewesen sein. Kurzum, niemand wollte dem Autor gram sein. Auch wenn sie allen Grund dazu gehabt hätten.

Aber wie könnte man auch! Jörg Zemmler ist Poet, minimalistischer Musiker mit Auftritten, die sich von Hütteldorf über Seis bis New York erstrecken. Und außerdem ist er akademisch gelernter Politologe und bereits deshalb mit einem Gütesiegel versehen, weil er nicht ehrfurchtsvoll vor der Form stehen bleibt, also vor dem, was er sieht, sondern hinter die Kulissen blickt, um zu sehen, was für Überraschungen die dahinterliegende Welt tatsächlich bietet. Außerdem beobachtet, beschreibt und analysiert er mit seinem ganz besonderen Auge diese

Wirklichkeit, die sich vor ihm auftut. Er sieht im Gegensatz zu den meisten von uns nicht nur die Realität, sondern in erster Linie die Konstruktion dieser Realität, die nach seiner Auffassung auch anders aussehen darf, die sich fantasievoll, neu zusammengesetzt, ergänzt, verkürzt präsentieren kann. Deshalb greift er zum poetischen Spaten und gräbt, wo er steht, und fördert eine Welt zu Tage, die wir bislang nicht kannten.

Und so nimmt uns der Poet und Musiker, der Träumer und Analytiker mit auf seine historisch-kulturellen Exkursionen, die vor belegten Geschichtskenntnissen nicht stehen bleiben. Sie sind quer und schräg, und deshalb originell und innovativ, weil sie den Muff überlieferter, kaum hinterfragter Gewissheiten durch Fantasie und Witz beseitigen und die Geschichte in neuem Glanz erscheinen lassen. Wie anders soll man etwa seine etymologischen Ableitungen der Ortsnamen interpretieren, die Beschreibung von Persönlichkeiten, die nur fiktiv abseits der Geschichte stehen, aber umso wirkungsvoller den Charakter einer Siedlung kennzeichnen. Zemmler bringt neues Leben in das entlegenste Dorf und schlägt geschichtliche Purzelbäume, wenn es darum geht, scheinbar zeitlich und inhaltlich inkompatible Ereignisse zusammenzuknoten.

Kein Stich gereicht seinen Bewohner:innen zur Unehre. Seine poetischen Erkundungen zur Phänomenologie der Verwobenheit von Geschichte und Politik der einzelnen Ortschaften sind ein morphologisch entworfenes, assoziationsreiches Ideen- und Interpretationsfeld. Sie sind minimalistisch, weil Zemmler auf jede Verschnörkelung verzichtet. Sie sind poetisch, weil Poesie Wirklichkeiten schaffen darf, die nur in unserer Fantasie leben. Sie sind schräg, weil die meisten Schilderungen abseits der Wirklichkeit stehen und ungeahnte Plötzlichkeiten hervorbringen. Sie überraschen uns, weil wir völlig unvorbereitet in historische Gruben fallen, die unsere fantasielosen Augen nicht sehen. Sie haben nichts an überschäumender Anbiederung, die man so gern vorfindet, weil jede Ortschaft anders sein will, als sie in Wirklichkeit ist: schöner, größer, freundlicher, liebenswürdiger, authentischer, niveauvoller, und noch vieles andere mehr. Der designten, hochglanzpapierenen, für die Zur-Schau-Stellung konstruierten neuen, glatten und eckenlosen Welt zieht Zemmler die Authentizität des Lebens vor, in dem nicht immer alles nach Plan abläuft.

Zemmler sucht letztlich den Kern, entfernt die vielen Schichten der aufeinandergestapelten Ebenen, um den Blick frei zu bekommen für das, was er sieht und was er mit uns teilen möchte. Dadurch lässt er uns teilnehmen an seiner Fantasie, die sich in eine reale Welt verwandelt, die wir nicht kennen.

Nur zu einer Konzession ist Zemmler bereit. Am Ende seines historisch-kulturellen Ausfluges durch jede Ortschaft, die wir mit seiner Fantasie bereisen, schiebt er einen kurzen, sachbezogenen Text ein. Die wenigen Zeilen, die uns einen Einblick in die lokale Selbstdarstellung vermitteln, können der Fantasy-Art von Zemmler nie und nimmer das Wasser reichen.

Bozen im April 2023

Zur Stichtechnik

Jeder der Stiche besteht aus der Teile zwei: Der erste behandelt die Geschichte, die Entstehung des jeweiligen Ortes und seines Namens, während der zweite Teil handverlesene aktuelle Selbstbeschreibungen bzw. -zuschreibungen aus dem weltweiten Netz präsentiert.

Die Zeichnungen basieren ausschließlich auf Gerüchten aus dem www.

Die Südtirolkarten als auch die Wappen wurden recherchiert.

Viel Vergnügen.

Jörg Zemmler

Wolkenstein in Gröden

Nachdem die Römer beziehungsweise die christlichen Römer im zweiten Jahrhundert St. Ulrich und St. Christina gegründet bzw. sich einverleibt bzw. missioniert bzw. erobert hatten und die Landesregierung und den Landeshauptmann stellten, ließen sie das Gründen und Erobern erst einmal lange bleiben. Richtung Talschluss war nämlich nur Wald zu sehen, da war eher nichts zu holen. Den Wald nannten sie nach dem lateinischen Wort für Wald „Silva", das später auf Ladinisch „Selva" wurde. Das deutsche Wort oder die deutsche Bezeichnung für

Wolkenstein, Eisstadion

„Selva“ geht auf das Geschlecht der Wolkensteiner zurück, die später unter anderem auch im Grödnertal Burgen und Besitzungen besaßen und die, wie so viele Adelige, ein Faible für extravagante Namen pflegten. Wolkenstein heißt „Wolkenstein in Gröden“, weil es anderswo auch noch ein oder zwei Wolkenstein gibt, aber nicht im Grödnertal.

In Wolkenstein in Gröden verbinden sich heute scheinbare Gegensätze zu einer Harmonie.

St. Genesius, Gemeindehaus

Wengen

Wengen, im ladinischsprachigen Gadertal südlich des Pustertales gelegen, auf Ladinisch „La Val“, das übersetzt nur so viel bedeutet wie „das Tal“, besitzt den Wengener Bach, übersetzt „Talbach“, und auch das Wengental, übersetzt „das Taltal“. Es gibt auch ein kleines Dorf oder vielmehr nur einen kleinen Dorfkern namens St. Genesius mit Sitz der Gemeinde. Mehr ist über Wengen nicht bekannt, außer dass es auch in der Schweiz ein Wengen gibt, das viel bekannter ist als der Südtiroler Ableger.

Wengen ist heute das erste zertifizierte Wanderdorf Südtirols, mit fünf zertifizierten Wegen.

Welschnofen

Die Menschen von Welschnofen dort oben am Regglberg waren vor über tausend Jahren in der ganzen bekannten Welt weltbekannt, denn sie konnten etwas, das sonst niemand konnte. Sie besaßen die Fähigkeit, zugleich zu schniefen und zu schnauben. Bekanntlich hat jeder Mensch nur eine einzige Nase, und es ist schon im Allgemeinen äußerst schwierig, zwei Dinge zur selben Zeit zu verrichten. Das einzigartige Geräusch, das durch

Welschnofen, Carabinieristation

gleichzeitiges Schniefen und Schnauben erzeugt wurde, bekam den Namen „Schnofen“, eine Kombination oder, wenn man so will, eine Verballhornung aus den zwei Tätigkeiten. Das Präfix „Wel“ steht für „welsch, italienisch“, die Welschnofner schnoften nämlich auf Italienisch. Heute ist das Schnofen in Welschnofen leider verlernt worden und niemand weiß, wie es geklungen haben mag.

In Welschnofen verwandelt sich in der Weihnachtszeit der Karersee in einen Winterwunderwald.

Welsberg, Bibliothek

Welsberg-Taisten

Welsberg kommt von „Wels“, ursprünglich für „Fels“ oder „Felsen“, sowie „Berg“, zusammen „Felsberg“, später „Welsberg“. Welsberg wurde auf einem großen Felsen gebaut, fast oder ganz ein Berg, der heute nicht mehr sichtbar ist, weil drumherum die Landschaft aufgefüllt wurde. 1929 verleibte sich die Gemeinde Welsberg die Gemeinde Taisten ein und heißt deshalb seit 2003 Welsberg-Taisten, um die Taisten besser unter Kontrolle zu bekommen. Die Taisten sind eine Nordostsüdtiroler Sekte, die den altägyptischen Wesir Ta verehren, der unter dem dritten Ramses ein oberägyptischer Verwaltungsangestellter war.

Die Gemeinde Welsberg-Taisten ist heute berühmt dafür, dass sie sich an den Westhang des Eggerberges schmiegt und sich nahe der Mündung des Gsieser Baches in die Rienz erstreckt.

Waidbruck

Waidbruck ist nach dem berühmten Färber Bruck benannt, der von 798 bis 688 vor Null in Waidbruck lebte und im Volksmund „Waidbruckluis“ genannt wurde, also der Luis Bruck, der mit oder aus Waid oder Färberwaid färbte beziehungsweise Farben herstellte, genauer gesagt Indigoblau, und zwar aus den Blättern des Färberwaids, dessen Blüten gelb sind. Der Waidbruckluis entwickelte weltweit als Erster nach den Ägyptern ein Verfahren, wie Indigoblau aus Waid mithilfe eines Gemischs aus Urin und Alkohol hergestellt werden konnte. Die Mischung bekam er samstags sogar gratis bereitgestellt, er brauchte nur

Waidbruck, Parkplatz

zum Gasthof Lamm zu gehen und den Urin der Betrunkenen einzusammeln. Am Sonntag legte er die Waidblätter in diese Mischung ein, rührte um, und am Montag hatte er dann nichts zu tun, die Maische musste ruhen, und davon kommt auch das geflügelte Wort „blau machen“ für „nichts tun“, das in Waidbruck vom Waidbruckluis erfunden wurde und in Waidbruck und auch sonst wo immer noch sehr beliebt ist.

Waidbruck ist heute als guter Ausgangspunkt für Ausflüge ins Grödnertal und auf die Seiser Alm bekannt.

Vöran

Vöran wurde als einziges Dorf Südtirols erwiesenermaßen von Frauen gegründet. Es waren deren sieben und ihre Namen sind nicht überliefert. Von der chauvinistischen, patriarchalen und katholischen Südtiroler Gesellschaft des zwölften Jahrhunderts angewidert, suchten sie nach einem Ort, wo sie sich absondern, sich niederlassen und nach anderen Prinzipien und Idealen leben konnten. Ihre Vorstellungen waren protokommunistisch, sie traten für die Trennung von Staat und Religion ein, für unabhängige Gerichte, die Gleichberechtigung von Frau

Vöran, Grundschule

und Mann, und sie glaubten fest daran, dass sich die Gesellschaft bald in die von ihnen favorisierte Richtung entwickeln würde. Westlich vom Sarntal, am Tschögglberg, fanden sie ein Stück Land, das noch frei war, ließen sich dort nieder und nannten es „Voran“, um ihrem Glauben und ihrer Hoffnung auf eine bessere Zukunft Nachdruck zu verleihen. Aus „Voran“ wurde dann „Vöran“.

Vöran ist heute dafür bekannt, dass es ein ganz natürliches Kino bietet.

Völs am Schlern

Bis zum Jahr 719 nach Null hieß der heute so genannte Berg und das Wahrzeichen Südtirols, der Schlern, „Völs“, eine alte Schreibweise für Fels oder Felsen, und das Dorf unter seiner westlichen Flanke „Schlern“, was sich von „schlendern“ herleitet. In besagtem Jahr wurden die zwei Namen mit einstimmigem Gemeinderatsbeschluss getauscht. Fortan hieß der Berg Schlern und das Dorf Völs. Der Grund dafür war, dass der damalige Bürgermeister einen Sprachfehler hatte. Er konnte nämlich kein „Sch“ sagen und sagte stattdessen „S“. So war es ihm nicht möglich, Schlern, den Namen des Dorfes, das er regierte, rich-

Völs, Kulturhaus

tig auszusprechen, er sagte „Slern“. Und da er von Amts wegen öfter den Namen des Dorfes sagen musste als den des Berges, wurden kurzum die Namen vertauscht. Als der Bürgermeister nach vierzig Jahren nicht mehr für das Amt kandidieren durfte und ein neuer Bürgermeister eingesetzt war, hatte sich der Namenstausch schon derart eingebürgert, dass er nicht mehr rückgängig gemacht wurde. So heißt seit besagtem Jahr eben der Berg Völs Schlern und das Dorf Schlern Völs. Der Bürgermeister mit dem Sprachfehler, der für den Namenstausch verantwortlich gewesen war, hieß Kompatser.

Völs gehört heute zur Dolomitenregion Dolomites Seiser Alm, wo die Südtiroler Dolomiten am schönsten sind, und ist der Genussort am Fuße des Wahrzeichens Südtirols.

Vintl, Bahnhof

Vintl

Nachdem um 1200 in Vintl im Pustertal bis hinein ins Pfunderertal drei Trachtenmusikkapellen, die in Niedervintl, Pfunders und Weitental, vier Kirchenchöre in Niedervintl, Obervintl und Weitental und Pfunders, ein junger Frauenchor in Obervintl, ein Frauenchor und ein Jugendchor in Weitental, eine Frauensinggruppe in Pfunders, drei Jugendkapellen und zwei Theatergruppen in Pfunders und in Weitental, drei Schützenkompanien, zwei Sportclubs sowie eine Ortsgruppe des Alpenvereins schon existierten, ging man daran, auch Häuser zum Wohnen zu bauen, und es entstanden verschiedene Dörfer, die 1213 im Kulturverein Vintl zusammengeschlossen und 1255 per Verordnung Nummer 1288/3 des Landeshauptmannes zu einer eigenständigen Gemeinde mit ihrem Sitz in Niedervintl ernannt wurden.

Vintl ist heute für die Lodenwelt in Vintl bekannt, wo Sie in die Herstellung von Lodenstoffen eintauchen können.

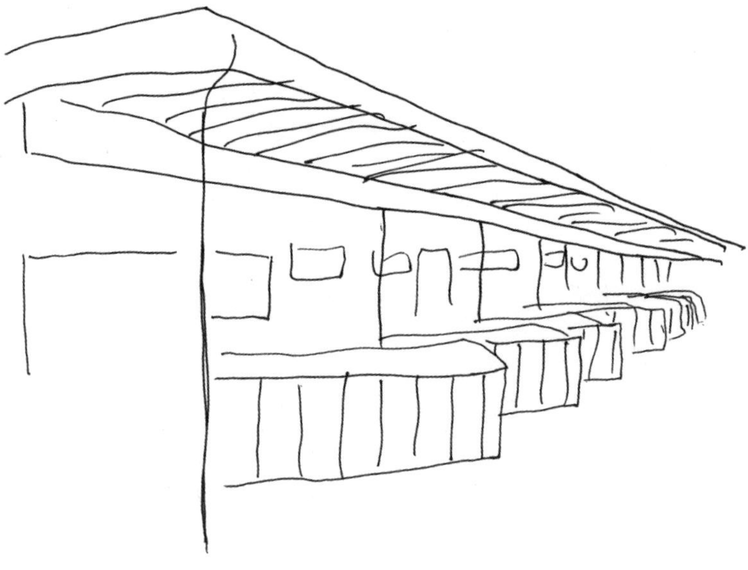

St. Peter (Villnöß), Recyclinghof

Villnöß

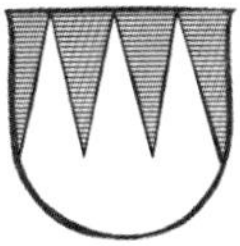

Es gab einmal vor vielen, vielen, vielen Jahren eine Stadt in Südtirol, und die Stadt hieß Vill. Die Menschen waren glücklich, die Kinder spielten, die Sommer waren nicht zu warm und lau. Im Winter schneite es, im Herbst gab es Kastanien und im Frühling Radieschen. In der Mitte der Stadt gab es einen Fluss, und der Stadtteil auf der einen Seite hieß Anders und der Stadtteil auf der anderen hieß Nöß. Dann begann es aber an einem Donnerstag zu regnen, und es hörte erst ein Jahr und zehn Tage später wieder auf, und durch das viele Wasser hatte sich der Fluss in der Mitte der Stadt ganz tief hinuntergegraben, sodass die zwei Stadtteile nun durch ein tiefes Tal unüberbrückbar getrennt waren. Seitdem ist die Stadt in zwei Dörfer geteilt, sie heißen, auf die ehemalige Stadt Vill bezugnehmend, Villnöß und Villanders.

Villnöß bietet heute Urlaub im schönsten Dolomitental der Welt.

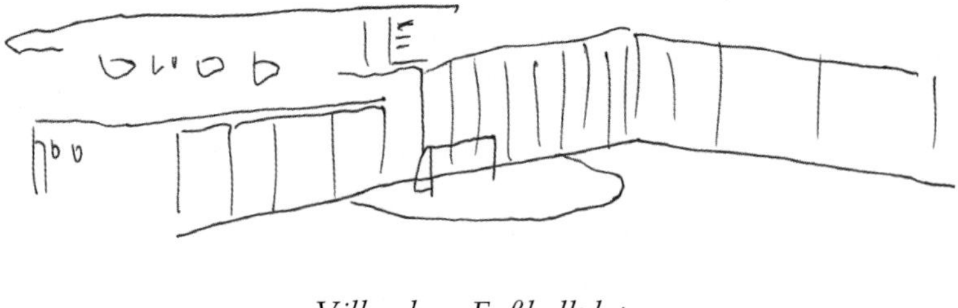

Villanders, Fußballplatz

Villanders

Es gab einmal vor vielen, vielen, vielen Jahren eine Stadt in Südtirol, und die Stadt hieß Vill. Die Menschen waren glücklich, die Kinder spielten, die Sommer waren nicht zu warm und lau. Im Winter schneite es, im Herbst gab es Kastanien und im Frühling Radieschen. In der Mitte der Stadt gab es einen Fluss, und der Stadtteil auf der einen Seite hieß Nöß und der Stadtteil auf der anderen hieß Anders. Dann begann es aber an einem Donnerstag zu regnen, und es hörte erst ein Jahr und zehn Tage später wieder auf, und durch das viele Wasser hatte sich der Fluss in der Mitte der Stadt ganz tief hinuntergegraben, sodass die zwei Stadtteile durch ein Tal unüberbrückbar getrennt waren. Seitdem ist die Stadt in zwei Dörfer geteilt, sie heißen, auf die ehemalige Stadt Vill bezugnehmend, Villanders und Villnöß.

Urlaub in Villanders kann heute in drei Worten zusammengefasst werden, wanderlustig, erholsam, sonnig.

Vahrn, Umspannwerk

Vahrn

Vahrn ist sehr berühmt und wurde beispielsweise auch von der deutschen Musikgruppe Kraftwerk besungen, der Text lautet in etwa: „Vahrn, Vahrn, Vahrn bei der Autobahn, Vahrn, Vahrn auf der Autobahn, vor uns liegt ein weites Tal, die Sonne scheint mit Glitzerstrahl, Vahrn, Vahrn, Vahrn bei der Autobahn, Vahrn, Vahrn bei der Autobahn, Vahrnbahn ist ein graues Band, weiße Streifen, grüner Rand." Vahrn gibt es also mindestens seit 1974, als dieses Lied erschien, und liegt an der Autobahn A22 bei Brixen.

Vahrn ist heute berühmt dafür, dass, wenn Sie es sich einfach bildlich vorstellen, Sie gerade vom Brenner in Richtung Süden fahren, und die ersten Weinreben, herrliche Apfelwiesen und Kastanienhaine entdecken und sich fragen, wo Sie sind, dann sind Sie in Vahrn, unweit von Brixen.

Unsere Liebe Frau im Walde – Sankt Felix

Die Gemeinde „Unsere Liebe Frau im Walde – Sankt Felix“ ist die längste Gemeinde Südtirols. Sie besteht aus 33 Zeichen inklusive einem Bindestrich. Der am meisten vertretene Buchstabe ist mit sechsmal das „e“. Die Gemeinde besteht aus zwei Fraktionen, Unsere Liebe Frau im Walde und Sankt Felix, mehr Fraktionen gibt es nicht. Die Besonderheit einer zweifraktionalen Gemeinde ist, dass eine solche Gemeinde selten vorkommt. Bis

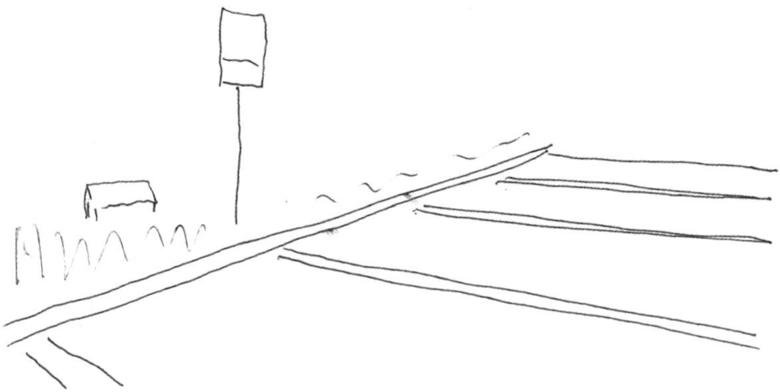

St. Felix, Parkplatz

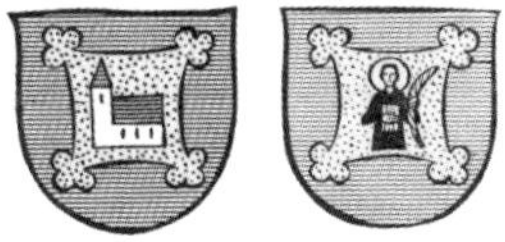

1972 waren sie sogar eigenständige Gemeinden, Unsere Liebe Frau im Walde und St. Felix eben, einfraktional, was noch sehr seltener vorkommt. Unsere Liebe Frau im Walde wurde von unserer lieben Frau im Walde gegründet, das Wort „unsere“ lässt allerhand Spekulationen zu. Sankt Felix, heute der Hauptort, wurde als Reaktion darauf gegründet, damit die Menschen von Unsere Liebe Frau im Walde auch wo davon beichten konnten.

Unsere Liebe Frau im Walde ist heute berühmt dafür, dass sich um das kleine Dorf zahlreiche Legenden ranken, und St. Felix dafür, dass es von einer jahrhundertealten Geschichte begleitet wird.

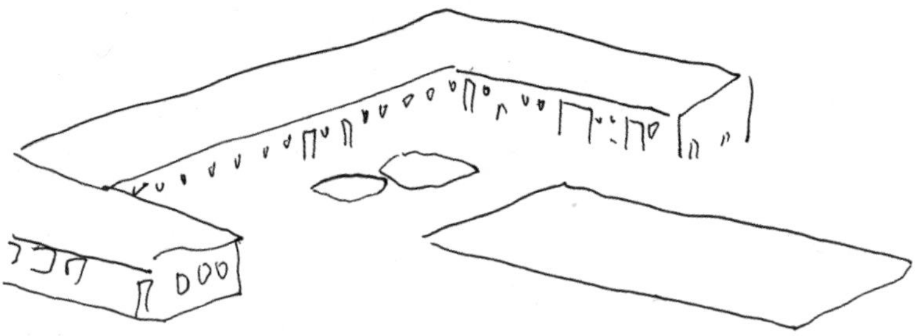

St. Walburg, Schwimmbad

Ulten

Geht man von Ulten das Ultental hinaus, kommt man nach Lana, dort geht man nach links und kommt nach Meran. Wieder nach links geht es in den Vinschgau. Bei Glurns wieder nach links, dort geht es ins Münstertal, über den Ofenpass geht es in die Schweiz, die nicht zu Südtirol gehört. Es geht weiter nach Nordwesten, man kommt bei Zernez vorbei, lässt Liechtenstein rechts liegen, Zürich nördlich, ebenso Aarau, und begibt sich bei Schönenwerd nach Westen, nach knappen zehn Kilometern ist man von dort in Olten. Ob die Ultener Olten oder die Oltener Ulten gegründet haben, ist offen, aber das eine oder das andere stimmt wahrscheinlich sicher. Sicher ist hingegen, dass, wenn man in Ulten auf die Gemeinde geht, man in St. Walburg ist.

Ulten ist heute bekannt dafür, dass sonnengegerbte, traditionelle Bauernhöfe die grüne Landschaft schmücken.

Tscherms

Tscherms hieß ursprünglich „Eichs", und das kam daher, dass sich um Eichs, das spätere Tscherms, ein riesiger, blühender Eichenwald befand. Die Eichser waren meist Holzfäller, Tischler oder Schnitzer und lebten gut davon, aus Eichen Dinge herzustellen, die sich dann verkaufen ließen. In der Späthallzeit, um 750 vor Null, es war Eisenzeit, wurden die Eichen dann von Kermesschildläusen befallen. Das war nicht weiter schlimm, den Eichen machte es nichts aus und den Eichsern auch nicht, bis um circa

Tscherms, Feuerwehr

719 vor Null die Erfindung gemacht wurde, dass aus den Kermesschildläusen eine Farbe gemacht werden konnte, eine rote. Die Eichser, gar nicht dumm, ließen das mit dem Eichenfällen und -bearbeiten sein und stiegen auf die viel weniger anstrengende Farbherstellung um. Die Farbe nannte sich Kermes, und um ihrer neuen Geschäftsidee Schwung zu verleihen, nannten sie ihr Dorf schnurstracks in „Kermes“ um, „Tschermes“, wie man damals noch sagte, woraus später „Tscherms“ wurde.

Heute liegt das beschauliche Tscherms bei Lana nahe Meran im Herzen des Meraner Landes in Südtirol.

Truden, Rathaus

Truden im Naturpark

Es gilt hier genau zu unterscheiden zwischen „Trudener und Trudenerinnen“ und „Druden und Drudenerinnen“, nicht zu verwechseln mit Druiden, die mehrheitlich in England vorkommen oder -kamen. Die Druden und Drudenerinnen sind Wesen, sie sich nachts auf die Brust der Schlafenden setzen und Albträume, Beklemmungen und Atemnot verursachen. Die ersten Siedler und Einwohner von Truden, die schon ein paar Jahrtausende vor Null ankamen, wussten davon nichts und wunderten sich über die unruhigen Nächte, bis sie eines schönen Frühlingstages von einem Doktor aus Bozen aufgeklärt wurden, der eine Wanderung zum Trudner Horn bewältigte, worauf die Trudener und Trudenerinnen also ihr Dorf „Druden“ nannten, später „Truden“.

Truden ist heute als Truden im Naturpark bekannt.

Tramin an der Weinstraße

Tramin liegt seit 1971 offiziell an der Weinstraße, davor lag es nur im Südtiroler Unterland, wie so manche andere Ortschaft auch, von Norden kommend rechts vom Fluss Etsch. Bis 214 nach Null war Tramin die Hauptstadt Südtirols, der Landtag, die Landesregierung und der Landeshauptmann arbeiteten dort. Weiters gab es in Tramin das Landeskrankenhaus, die Zentrale der Landesfeuerwehr und allerhand an Bürokratien. Der Name der Stadt, nach heutigen Maßstäben natürlich ein Dorf, war Sankt Heiden, das Christentum war zu jener Zeit noch nicht erfun-

Tramin, Bibliothek

den. Die Bevölkerung Südtirols aber, die immer wieder in die Hauptstadt musste, um irgendwelche Genehmigungen zu bekommen oder Anträge zu stellen, oder einen Blutabnahmetermin hatte, nannte St. Heiden umgangssprachlich und ironisch „Termin“, eben weil sie dort immer Termine hatte. Aus „Termin“ ist später „Tramin“ geworden, mit Beschluss des Landtages vom 7. Juni 214 nach Null, der zugleich aber auch den Sitz der Landesregierung mit allem Drum und Dran nach Bozen verlegte, was nicht wenige wunderte.

Tramin an der Weinstraße ist heute ein vielfältiges Urlaubsparadies, ein lebendiges, charmant-liebenswertes Weindorf, ein Ort sportlicher Aktivität, ein Ort voller Kultur und Geschichte und mehr als der Ort für Ihren nächsten Südtirol Urlaub, Tramin ist ein Stück Zuhause auf Zeit.

Toblach

Vor ungefähr siebentausend Jahren, in der Jungsteinzeit, wurden am Toblacher Feld, fälschlicherweise auch als Toblacher Sattel bekannt, im Grunde eine große Wiese zwischen Bergen im östlichen Pustertal, auf dieser Wiese wurden von den damaligen Menschen ausgiebige Feste gefeiert, meistens im Sommer, und sie dauerten mehrere Tage lang, damals noch ohne Festzelt. Es wurde getrommelt und getanzt und dazu gab es allerhand zu trinken und zu essen, auch ohne Bons und Geld, die beide noch nicht erfunden waren. Von ungemeiner Bedeutung war bei diesen Festen anscheinend das Lachen, das geht aus dem Namen der Feste hervor, sie nannten sich nämlich „Toblachfeste“. Das Toblachen ist das positive Pendant

Toblach, Kreisverkehr

zur Tobsucht. Ob dabei auch gewisse Pilze mithalfen, die auch damals schon in Südtirol wuchsen und unter den Namen Spitzkegeliger Kahlkopf, Psilo, Psilocybinpilz, Zauberpilz, Magic Mushroom, Blue leg, Liberty cap, Kleines Zwergenmützchen, Narrenschwamm, Lanzenförmiger Düngerling, Pixie cap, Sandy sagerose, Witch cap, narrische oder damische oder Haschschwammerl, Shroom, Spitzköpfe bekannt waren oder sind, ist nicht bewiesen, aber nicht unwahrscheinlich. Nach ein paar verregneten Sommern, in denen die Toblachfeste nicht stattfinden konnten, wurden sie nicht mehr durchgeführt, und auf besagter Wiese ein Dorf gebaut, das mit seinem Namen „Toblach" noch an jene erinnert.

Toblach ist heute berühmt, weil es das Tor zu den Dolomiten ist und mit dem Toblacher See ein ganz besonderes Naturjuwel birgt.

Tisens

Tisens liegt im Burggrafenamt, das Burggrafenamt in Südtirol und zwischen Meran und Bozen, auf der rechten Seite von Meran kommend, auf der linken von Bozen kommend, egal von wo kommend auf der westlichen Talseite des Etschtales, das zwar insgesamt noch viel länger ist, das aber auch zwischen Bozen und Meran und umgekehrt verkehrt. Naraun ist eine Fraktion von Tisens und gilt als ältester Siedlungsplatz Südtirols, Jungsteinzeit war es damals, so um 5034 vor Null. Die Kunde wurde weit getragen, dass auch Südtirol endlich besiedelt sei, sogar bis nach Enns gelangte die Kunde, Enns liegt in Oberösterreich an der Enns, die Enns ist ein Fluss und die Enns ist die Grenze zu Niederösterreich, auch in Enns also hörten die Leute, dass jetzt auch Südtirol besiedelt sei, und manche Ennser oder Ennsianer vom Volk der Ennsensier machten sich auf nach Südtirol, nach Naraun, man weiß nicht genau, ob zum Gratulieren oder zum Kriegmachen. Die Narauner aber, als sie

Tisens, Fußballplatz

die Ennsensier von Weitem kommen sahen, versteckten sich und ihre Häuser, die damals noch mobil waren und kein fließendes Wasser besaßen, oben auf dem Gampenpass. Die Ennsensier suchten sieben Tage und fünf Nächte nach den Nauranern, aber fanden sie nicht, weil diese sich nicht vom Gampenpass wegbewegten, sie hatten ja ihre Häuser mit. Am Ende des siebten Tages gaben die Ennsensier auf und gingen nach Hause nach Enns. Dort, wo sie sieben Tage lang fünf Nächte geschlafen hatten, bauten die Narauner anschließend Tisens. Der Name bezog sich dabei auf Enns und die Ennsensier, die Enns. „Dis“ bedeutete in der Jungsteinzeit und teilweise heute noch „nicht“ oder so etwas in diese Richtung, Verneinung, man denke an Dissens oder Desinformation, das Dorf hieß also „Nicht Enns“, später wurde Tisens daraus. Dass der Dissens in Tisens erfunden wurde und Tisens deshalb so heißt, ist hingegen kaum richtig, aber möglich.

Tisens ist heute dafür bekannt, dass es in einmaliger Lage liegt.

Tirol

Nachdem sich in Südtirol um das Jahr 1100 die Familie mit dem Namen „Grafen von Tirol“ niedergelassen hatte, und zwar genau dort, wo jetzt das Dorf Tirol liegt, war alles klar gewesen. Dass das Dorf um die Burg der Familie den Namen Tirol tragen würde, stand außer Zweifel, zu klären blieb nur, ob der Name auf das ganze Gebiet, das die Familie im Laufe von zwei Jahrhunderten erobert hatte, nämlich ganz Tirol, angewendet werden durfte oder

(Dorf) Tirol, Rathaus

nicht. Es ging um das Copyright, die Vermarktung, wie immer, der Streit konnte aber beigelegt werden, und sogar als es später zur Abspaltung von Nord- und Osttirol in eigenständige Tirols gekommen war, blieb allen das „Tirol“ erhalten. Tirol, das Dorf, wird heute meist „Dorf Tirol“ genannt, um es vom Rest Tirols abzugrenzen. Der Name geht übrigens auf einen Hustensaft zurück, den die Grafen von Tirol erfunden hatten und der sich vor tausend Jahren zu einem Verkaufsschlager entwickelte. Er trug den Namen „Tirol“ und die Grafen hatten sich nach diesem ihrem Saft benannt.

Dorf Tirol ist heute auch als ein Ort der Kultur bekannt. Davon zeugen zahlreiche Kulturschätze, Burgen und Kirchen. Es gibt viele gute Gründe für einen Urlaub in Dorf Tirol, beispielsweise die glasklaren Spronser Bergseen, welche mystisch in der Sonne glitzern.

Tiers

Der Name Tiers ist auf das lateinische Wort „terra“ zurückzuführen, das so viel wie Erde oder auch Land bedeutet. Es war ein römischer Erkundungslehrling, der Tiers entdeckte oder gründete, obwohl es Tiers damals noch nicht gab, natürlich den Ort schon, im Sinne von Breiten- und Längengraden, nur eben keine Siedlung. Der Erkundungslehrling namens Petrus Paulus hatte den Auftrag erhalten, neue Erde zu entdecken, so sagten damals die Römer, um zu umschreiben, welche Gebiete sie als Nächstes erobern konnten. Es war das Jahr 251 vor Null, das Römische Reich war noch nicht sonderlich groß

Tiers, Kulturhaus

und Petrus Paulus ging und ging und ging und ging nach Norden, immer nach Norden, immer noch weiter nach Norden, gedankenversunken, und dort, wo heute Tiers ist, fiel ihm auf, dass er schon viel zu weit gegangen war, er drehte also um, und als er nach Rom zurückkam, berichtete er, auch wenn man viel zu weit gehe, sei da immer noch Land, man solle sich keine Sorgen machen, das Reich könne, zumindest Richtung Norden, richtig weit ausgedehnt werden, zumindest bis dorthin, wo er kehrtgemacht habe, und das war eben Tiers, auf Römisch oder Lateinisch „terra“.

Tiers ist heute berühmt dafür, dass es dir die besten Möglichkeiten bietet, König Laurin und seine faszinierende Bergwelt kennenzulernen.

Terlan, Parkplatz

Terlan

Terlan wurde von den Römern als Spargel- und Weinverein und -kurort gegründet und hat bis heute diese Bedeutung nicht verloren. Damals wie heute glaubte man an die heilende und anregende Wirkung von Spargel, grünem sowie weißem, als auch von Wein, rotem sowie weißem. Die Bezeichnung des Vereins war „Terlan", und das hatte weiters keine Bedeutung, ähnlich wie heute Google, Tumblr oder Uber. Insofern dass Wein die Libido anwirft und Spargel potenzsteigernd wirkt, weiters natürlich der Zutritt zum Kurort Terlan nur römischen Männern vorbehalten war, kann man sich bei Bedarf gerne ausmalen, wie es damals dort zugegangen ist.

Terlan ist heute bekannt dafür, dass hier die Wege nach Bozen, Meran, auf den Tschögglberg sowie zu den wärmsten Badeseen Südtirols nicht weit sind.

Terenten, Wertstoffhof

Terenten

Terenten leitet sich etymologisch von „de rennten“ ab, also umgangssprachlich für „die, die rannten“. Eine andere mögliche Interpretation des Namens ist „der enten“. „Der“ ist „der“ und „enten“ bedeutet im Südtiroler Dialekt „drüben“, „der dort drüben“ also. Möglicherweise liegt die Wahrheit irgendwo in der Mitte zwischen „denen, die rannten“ und „dem einen dort drüben“. Warum und wohin sie rannten und was mit dem einen dort drüben los war, entzieht sich unserem Wissensstand.

Terenten darf sich heute als Ortschaft mit den meisten Sonnenstunden im Jahr getrost als Sonnendorf bezeichnen, es gibt einen Themenweg Sonne, einen Sonnenspielplatz, Natursolarien als auch Sonnenkunst.

Taufers im Münstertal, Carabinieristation

Taufers im Münstertal

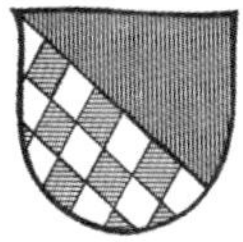

Es gibt Taufers im Taufertal im Osten Südtirols und Taufers im Münstertal im Westen Südtirols in Richtung Schweiz. Nicht gibt es hingegen Münster, auch nicht im Münstertal, Münster ist eine Stadt in Deutschland, genauer gesagt in Nordrhein-Westfalen, benannt nach der Münsterschen Aa, einem linken Nebenfluss der Ems. Im Taufertal fließt die Ahr, im Münstertal der Rambach von der Schweiz in die Etsch. Taufers im Münstertal ist ein Enigma. Enigma bedeutet auf Griechisch „Rätsel", und deshalb ist es naheliegend, dass Taufers im Münstertal von Griechen gegründet wurde, ebenso wie Münster und Taufers im Taufertal, unter Umständen spaßhalber, um Verwirrung zu stiften.

Taufers im Münstertal ist dafür bekannt, dass man es heute dort etwas ruhiger angehen lässt und das Leben in den Gasthöfen des Dorfes genießt.

Stilfs, Feuerwehr

Stilfs

Ursprünglich gab es in Tirol fünf Ortschaften, die zwar nicht nahe beieinander lagen, aber eng verbunden waren, „Partnerdörfer“ würde man heute sagen. Ihre Namen waren Stalfs, Stelfs, Stilfs, Stulfs und Stolfs, und sie wurden allesamt in der ersten Hälfte des vierten Jahrhunderts nach Null gegründet, in rätoromanischer Sprache, das „s“ am Ende der Namen weist darauf hin. Bis heute haben sich von diesen fünf Ortschaften zwei erhalten, nämlich Stilfs und Stelfs, das heute Telfs genannt wird und in Nordtirol liegt.

Über Stilfs sagt man heute, hier oben trügen selbst die Hennen Steigeisen.

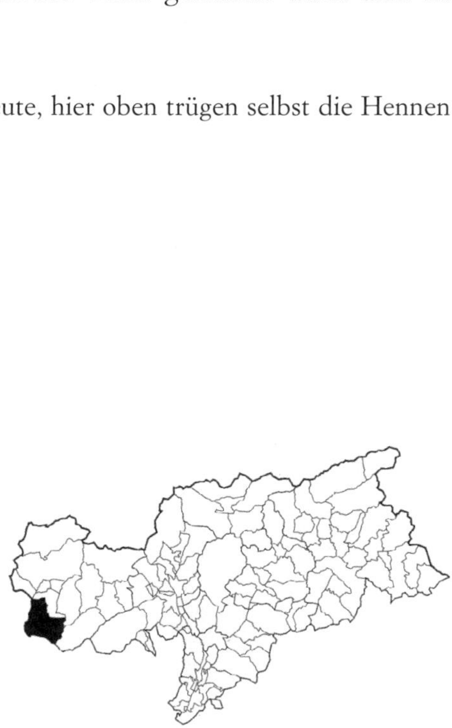

Sterzing, Stadttor

Sterzing

Dort, wo heute Sterzing steht, war ursprünglich ein See, ein großer See, das Sterzinger Moos. Der Sumpf, der 1877 trockengelegt wurde, zeugte noch lange von der seeischen Vergangenheit Sterzings. Der ursprüngliche Name Sterzings war schlicht und einfach „See". Dieser See war der Haussee der Leute aus Wiesen, das östlich vom See lag, die dort schwimmen gingen und segeln und grillen und Volleyball spielen. Der See war schon nicht mehr vorhanden, als das Dorf See gebaut wurde, statt dem See, das später zur Stadt Sterzing wurde. Die historische Reihenfolge der Entwicklung der Namen ist See, Seeng, Seeing, Seezing, Serzing, Sterzing. Wenn man so will, ist der See also zumindest im Namen noch da, er wird teilweise immer noch sehr vermisst.

Sterzing ist heute berühmt, weil die kleine Stadt im Norden Südtirols vor einigen Jahren sogar zu einer der schönsten Kleinstädte Italiens gekürt wurde.

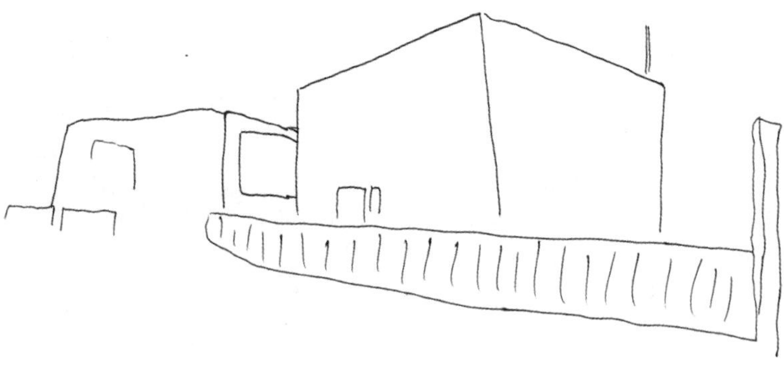

Sexten, Fernheizwerk

Sexten

Sexten ist heute bekannt als Sexten & die Drei Zinnen.

Schnals

Schnalzen bedeutet auch heute noch durch eine rasche, schnellende Bewegung mit etwas (Zunge oder Fingern) einen kurzen, knallenden Laut zu erzeugen, der in Länge und Kürze und Tonhöhe und Tontiefe sowie Lautstärke variiert werden kann, und dieses Schnalzen geht auf die Schnalser zurück, die um 3000 vor Null Schnals gegründet haben. Das Volk der Schnalser konnte zwar ausgefeilt und variantenreich schnalzen, dafür aber nicht sprechen, sie schnalzten morgens, mittags, abends und

Schnals, Grundschule

manchmal auch im Schlaf. Doch sie unterhielten sich bestens, es war eine gute Sprache, das Schnalser Schnalzen in Schnals im Schnalsertal, wobei „Schnals“ die Gemeinde bezeichnet, die Dörfer nennen sich Karthaus, der Hauptort, Katharinaberg und Unser Frau. Vermutlich ist der berühmteste Schnalser der Weltgeschichte, Ötzi genannt, auch deshalb am Schnalser Gletscher erfroren, weil er nur um Hilfe schnalzte und nicht rief.

Schnals ist heute dafür bekannt, dass es Weitblick auf 126 Dreitausender gewährt und es einen Ort mit Erlebnisgarantie gibt, nämlich die Alpin Arena im Schnalstal.

Schluderns

Im fernen Jahr 35 nach Null bauten die Römer noch immer die Via Augusta, die von Trient die Etsch hinauf über Bozen nach Meran führte und in Augsburg enden sollte und dies ab 46 auch tat. In eben jenem Jahr 35 kamen sie mit dem Straßenbau im Vinschgau an eine Kreuzung: Entweder bog man links ab ins Münstertal gen Schweiz, oder sonst ging es geradeaus das Etschtal wei-

Schluderns, Rathaus

ter zum Reschen. Es sei klüger, gen Reschen weiterzumachen, sagte der römische Vorarbeiter, die Idee, links abzubiegen, sei zu schließen, wie man damals auf Lateinisch sagte, man solle Richtung Inntal weiterbauen, und „schließen “ ist „cluder“ auf Latein, und daher wurde die ursprüngliche römische Siedlung an der Kreuzung zuerst „Cluder“, dann „Cluders“, dann „Cluderns“ und schlussendlich „Schluderns“ genannt. Auch heute noch treffen in Schluderns die SS 40 und die SS 41 aufeinander, Erstere führt zum Reschen, Letztere in die Schweiz.

Schluderns müssen heute Ritter- und Burgenfans auf jeden Fall kennenlernen.

Schlanders, Krankenhaus

Schlanders

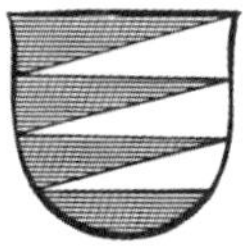

Schlanders ist die Verkürzung oder Verknappung des ursprünglichen indogermanischen Namens „Deutschlanderste“, was so viel bedeutete wie „erstes Deutschland“, man nehme die ersten vier und die letzten zwei Buchstaben weg; Schlanders war also das erste Deutschland der Welt, bis die Römer kamen. Wie und wann vorne das „Deut“ und hinten das „te“ abhandenkamen, ist nicht gesichert, eine Theorie besagt, es sei Schuld der Römer, eine andere besagt, es sei Schuld der Deutschlandersterer gewesen, manche behaupten, es sei Tolomei gewesen und erst vor Kurzem passiert.

Über das heutige Schlanders lässt sich sagen, dass idealer ein Urlaubsort für Aktivurlauber kaum sein könnte.

Schenna, Feuerwehr

Schenna

Schenna leitet sich etymologisch von „Schöne“ ab, „die Schöne“. Im siebten Jahrhundert wohnte eine schöne Frau in Schenna. Sie war nicht verheiratet und viele Männer und Frauen machten ihr den Hof. Die Schenna, wie sie im damaligen örtlichen Dialekt genannt wurde, wurde mit der Zeit immer reicher, niemand wusste warum, obwohl manches gemunkelt wurde, und sie kaufte nach und nach das ganze Dorf auf, bis ihr schließlich jedes Haus, jede Straße, die Schule und sogar die Kirche gehörten. In ihrem Testament verfügte sie, ihr ganzer Besitz solle an die ursprünglichen Besitzer zurückgehen, unter der Bedingung wohlgemerkt, dass der Name des Dorfes ihr zu Ehren fortan „Schenna“ lauten sollte, und so geschah es.

Schenna wird heute gern besucht, weil es wie eine natürliche Aussichtsplattform ober Meran direkt unter dem Gipfel des Ifinger anmutet.

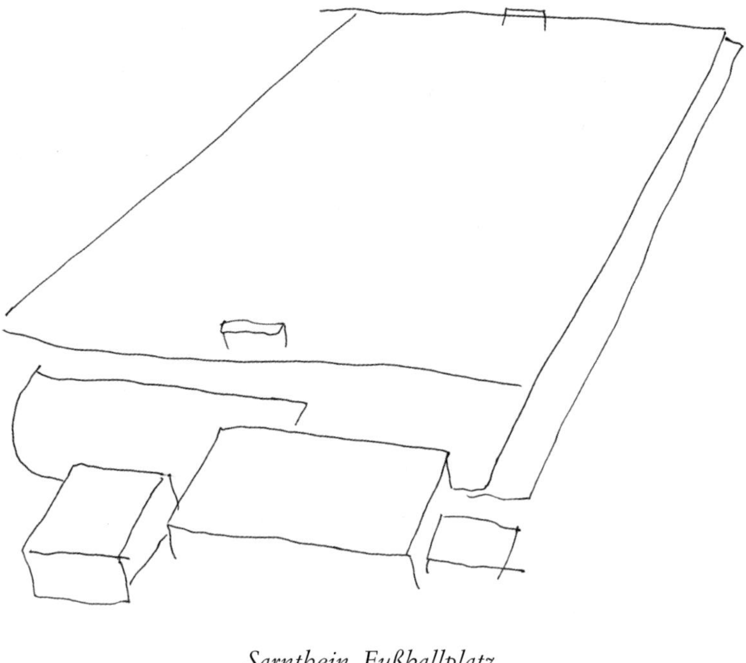

Sarnthein, Fußballplatz

Sarntal

Sarntal ist die flächenmäßig größte Gemeinde Südtirols, wurde 1257 als Sarner Wirtschaftsgemeinschaft, SWG, gegründet und kann als Vorläufer der Europäischen Wirtschaftsgemeinschaft EWG, die dann in die Europäische Union mündete, angesehen werden. Die 28 Gründungsmitglieder waren in alphabetischer Reihenfolge Aberstückl, Agratsberg, Astfeld, Auen, Außerpens, Dick, Durnholz, Essenberg, Gebracksberg, Gentersberg, Glern, Innerpens, Kandelsberg, Muls, Niederwangen, Nordheim, Öttenbach, Putzen, Rabenstein, Reinswald, Riedelsberg, Sarnthein, wo sich seit jeher der Sitz der Gemeinschaft befindet, Steet, Trienbach, Unterreinswald, Vormeswald, Weißenbach und Windlahn. Die Grundsätze der SWG waren schon im Jahr 1257 wie später die der EWG freier Dienstleistungs-, Personen- und Kapitalverkehr.

Das Sarntal ist heute ganz für sich und ganz für dich.

Sankt Ulrich

Als am 17. Juli 171 der römische General Demetrius Morundus Costnurius mit einer Vorhut das erste Mal vom Eisacktal aus kommend das Grödnertal betrat, fand er lange Zeit nichts vor, bis er auf der Höhe des heutigen St. Ulrich sechs

St. Ulrich, Rolltreppe

Gärten vorfand, die von sechs Frauen bestellt wurden, die in sechs Hütten lebten, und eine Horde Kinder, Männer hingegen traf er keine an. Als er tags darauf in das römische Lager zurückkam und berichtete, was er gesehen hatte, wurde alsgleich der Name Sechsgärten für die Gegend der sechs Gärten beschlossen. „Gärten“ ist auf Lateinisch „ortis“ und „sechs“ „sex“, ergab in Summe „Ortisex“, später „Ortisei“. Das deutsche „St. Ulrich“ ist eine Erfindung einer lokalen globalen Clique. General Demetrius Morundus Costnurius, der damals kurz vor der Pensionierung stand, ließ sich in Ortisex nieder und verliebte sich in alle sechs Frauen. Auch heute sind noch die am meisten verbreiteten Nachnamen in St. Ulrich Demetz, Moroder und Kostner.

Die Fußgängerzone in St. Ulrich, die die Pfarrkirche zum Hl. Ulrich mit der Antoniuskirche verbindet, wird heute als die schönste Einkaufsstraße in den Dolomiten beschrieben.

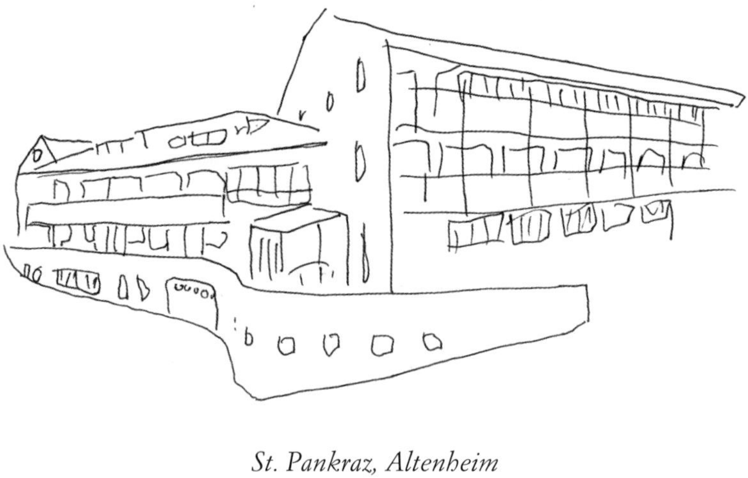

St. Pankraz, Altenheim

Sankt Pankraz

Das Südtiroler Sankt Pankraz liegt im Ultental und, nicht wie das oberösterreichische Sankt Pankraz im Traunviertel, südwestlich von Meran. Gegründet wurde Pankraz, ursprünglich ohne „Sankt“, von polnischen Panks, heutige Schreibweise „Punks“, um die erste Jahrtausendwende nach Null. Warum diese polnischen Panks nach Südtirol kamen, ist nicht überliefert. „Pank“ bedeutet auf Polnisch „Pfanne“ und „raz“ ist Polnisch für „einmal“. „Pank raz“ – „einmal Pfanne sein“, das war der Leitspruch der polnischen Pankbewegung der Tausenderjahre. Eine tiefere Bedeutung dieses Spruchs erschließt sich allerdings nicht, auch nicht, warum sie sich Pfannen nannten.

Die auf 735 Metern Meereshöhe gelegene Gemeinde St. Pankraz ist heute berühmt, weil sie, von Lana kommend, die erste Ortschaft im Tal ist.

Sankt Martin in Thurn

Vor Jahrhunderten und Jahrtausenden, vor einer ungemein ziemlich langen Zeit also, einer sehr langen zumindest, wollten die Menschen im Gadertal dort, wo heute Sankt Martin ist, einen Turm bauen, der bis in den Himmel reichen sollte und sobald sie alle notwendigen Genehmigungen beisammen hatten, ging der Bau los. Als

St. Martin in Thurn, Volksschule

der Turm nach 319 Jahren Bauzeit an die 138 und einen halben Meter hoch war, geschah es, dass die Arbeiter auf einmal verschiedene Sprachen sprachen, nämlich Ladinisch, Italienisch und Deutsch, und sich also nicht mehr verstanden, und der Bau wurde gestoppt und später rückgebaut zu einer Burg, der Burg Thurn, die heute noch zu besichtigen ist. „Thurn“ ist eine alternative Schreibweise für Turm. „St. Martin in“ ist erst später dazugekommen, wobei das „in“ verschiedene Interpretationen zulässt.

Sankt Martin in Thurn bietet heute eine gelungene Kombination aus Kultur und Natur, die einen Urlaub unvergessen macht.

Sankt Martin in Passeier

Sankt Martin wurde im vierten Jahrhundert gegründet, als der heilige oder auch Sankt Martin noch lebte, Bischof war, die Christianisierung vorantrieb, ein erstes Kloster gründete und last but not least das Schwert erfunden hatte, mit dem man unter anderem Mäntel zerschneiden konnte, was den Bürger*innen von Sankt Martin und weltweit allen sehr zugute kam, da damals viele nackt waren und ein halber Mantel immer besser war als gar kei-

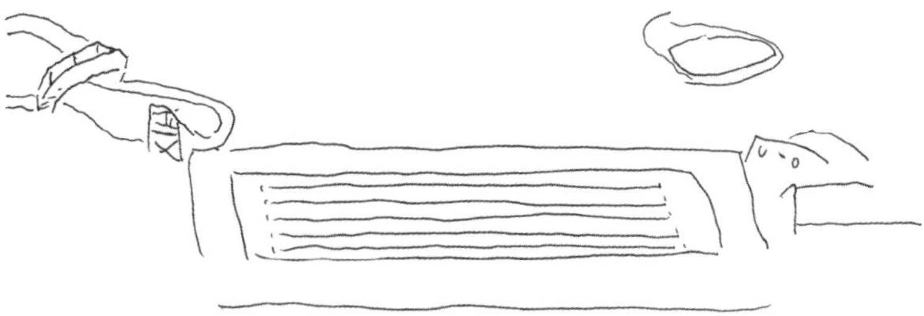

St. Martin in Passeier, Schwimmbad

ner, und ihm zu Ehren, besonders seiner bahnbrechenden Erfindung wegen, wurde das Dorf Sankt Martin getauft, mit dem Zusatz „in Passeier“, um es von anderen weltweit dem Schwerterfinder gewidmeten gegründeten Sankt Martins zu unterscheiden.

Sankt Martin in Passeier ist bekannt dafür, dass Tradition und Kultur hier noch großgeschrieben werden.

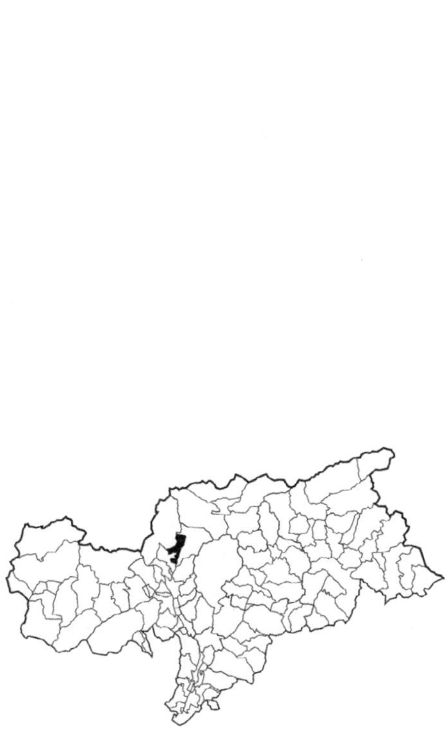

Sankt Lorenzen

Sankt Lorenzen lag bis zum Jahr 489 im Latium, südöstlich von Ostia, war ein wichtiger Handelsplatz und blieb bis in die augustinische Zeit unabhängig von Rom. Mit der Eroberung durch die Römer im Jahr 13 nach Null begann aber der Niedergang von Laurentum, wie es damals auf Lateinisch hieß. Lange ließen die Laurentumer sich den Niedergang gefallen, bis nach über vierhundert Jahren der Gemeinderat mit acht zu sieben Stimmen beschloss, sich eine neue Bleibe zu suchen. Durch eine Anzeige im römischkatholischen Kleinanzeiger wurde der Bürgermeister Gianfranco Laurentii Sacca auf die römische Straßenstation Sebatum an der Via Iulia Augusta aufmerksam, die, da schon halb verfallen, für den symbo-

St. Lorenzen, Bauhof

lischen Preis von nur einer Kupfermünze zu kaufen war. Die Laurentumer schlugen zu, wanderten neun Wochen und neun Tage ins Pustertal, wo sie kurz vor Bruneck die Straßenstation vorfanden, sie sanierten und drum herum ihr neues Laurentum erbauten, das sie späterhin, als sie begonnen hatten, Deutsch zu sprechen, um sich mit den Einheimischen austauschen zu können, Sankt Lorenzen nannten, nach dem einen berühmten Lorenz, der auch aus Laurentum gekommen war.

Die Marktgemeinde St. Lorenzen ist heute von archäologischer Wichtigkeit und besticht durch die Wallfahrtskirche von Maria Saalen.

Sankt Leonhard in Passeier

Ursprünglich „Sank Leonhard in Passeier", bezugnehmend auf Leonhard Tschöll, Schwertschmied aus Meran bei Lana, der jeden Sonntag einen Spaziergang machte, begleitet von seiner Frau Leonie Tschöll, geborene Pfitscher, Haushälterin, Kinder hatten sich keine ergeben, nach Norden, ins Passeiertal hinein, jeden Sonntag, bei jeder Jahreszeit und jedem Wetter, die Passeier entlang, so hieß damals noch die Passer, natürlich, sonst würde das Passeiertal wohl Passertal heißen, es war ein Sonntag

St. Leonhard, Rathaus

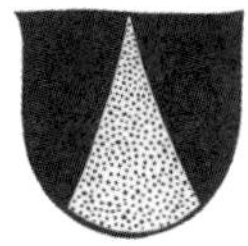

im Dezember, Eis auf der Passeier oder Passer, Leonhard ging auf dem Eis, seine Frau hatte Angst, sagte „lass das, Leonhard, du brichst ein, Leonhard", und sie hatte recht, Leonhard brach ein und sank in Passeier, wie man damals sagte, Artikel waren noch nicht erfunden, später war es ein Klacks für die Würdenträger, das „t" hinzuzufügen, sie fälschten sieben Urkunden, und schon war ein „Sankt Leonhard" aus „Sank Leonhard" geworden.

In Sankt Leonhard in Passeier befinden sich heute das Museum Passeier im Geburtshaus des bekannten Tiroler Freiheitskämpfers Andreas Hofer, die Pfistradalm, die Jaufenburg und noch viele weitere Sehenswürdigkeiten, die besucht und betrachtet werden können.

Sankt Christina in Gröden

Sankt Christina in Gröden heißt eigentlich nur auf Deutsch „Sankt Christina", auf Ladinisch – der dort vorherrschenden Sprache – „Santa Cristina", in den Neunzigerjahren des zwanzigsten Jahrhunderts kurz „Santa Crestina", mit „e". Der Name geht auf die Invasion der Christen zurück, die kurz nach Null von Palästina zu einer Welteroberung aufgebrochen waren und im ersten und zweiten Jahrhundert auch Südtirol erreichten, das Grödnertal wohl etwas später, da es dort auch damals

St. Christina, Bushaltestelle

schon sehr kalt war. Nachdem die Christen, als Römer verkleidet von Waidbruck im Eisacktal kommend, zuerst St. Ulrich, Ortisei, gegründet hatten, gingen sie daran, taleinwärts ein zweites Dorf zu errichten. Obschon sonst den Frauenrechten eher skeptisch gegenüberstehend, entschieden sie sich, dem neuen Dorf eine Frau in den Namen zu schreiben, nämlich die heilige Christine oder Christina, die wie so viele Heilige ob ihrer christlichen Überzeugung nach verschiedenen Fehlversuchen ermordet worden war. Sie gilt als die Patronin der Müller, Bogenschützen und, komischerweise, wenn man bedenkt, wo Sankt Christina in Gröden liegt, nämlich in Gröden, der Seeleute.

St. Christina ist heute auch als Grödens Mitte bekannt und ist ein Ort zum Innehalten, Verweilen und Wiederkehren.

Sand in Taufers

Sand in Taufers ist eine geheimnisumwitterte Gemeinde. Sie wurde erst 1966 vom damals zehnjährigen Hans Ka entdeckt, wobei „entdeckt“ umgekehrt zu denken ist als gemeinhin. Der kleine Hans, der später ein großer Kletterer werde sollte, der kleine Hans kletterte eben auch schon in diesem zarten Alter für sein Leben gern, und auf der Suche nach höheren Bergen hatte er das Gemeindegebiet verlassen, er war aus Ahornach, das zur Gemeinde Sand in Taufers gehört, und kam nach Gais, und die Gaiser sahen sogleich, dass er kein Gaiser war, und fragten ihn, wo er herkomme, und er sagte „aus Sand, Sand in Taufers“. Von Sand in Taufers hatten die Gaiser noch nie

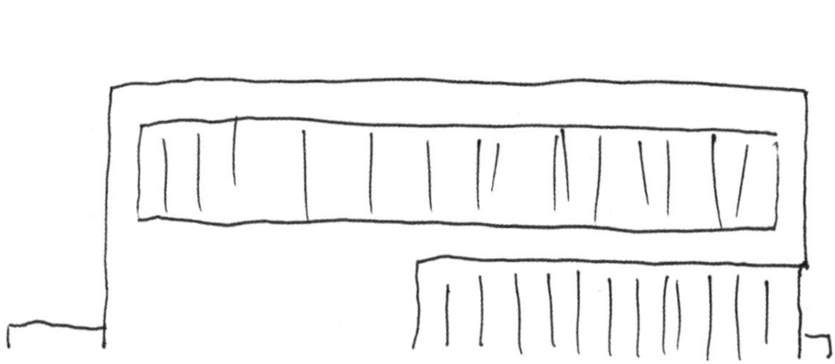

Sand in Taufers, Feuerwehr

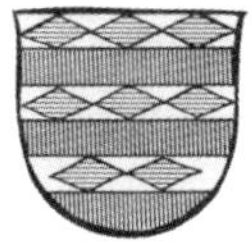

gehört und glaubten dem Ka Hans aufs Erste kein Wort. Dieser führte aber die Ungläubigen zurück nach Sand, also mussten die Gaiser ihm glauben, Sand in Taufers war entdeckt, beziehungsweise: Hans Ka hatte es den Gaisern entdeckt im Sinne von aufgedeckt, dass es es gab, und das war eine weltweite Sensation. Wann und wie Sand in Taufers gegründet wurde, muss noch erforscht werden, ebenso, warum es so lange unentdeckt bleiben konnte, und weiters auch, warum den Ahrntalern, wenn sie nach Gais gingen, nie aufgefallen war, dass sie bei Sand in Taufers vorbeikamen, und dass umgekehrt, wenn die Gaiser nach dem Ahrntal gingen, ihnen Sand nicht auffiel.

Sand in Taufers ist heute dafür bekannt, dass sich mehr als achtzig Dreitausender im Tauferer Ahrntal, in diesem wunderschönen Fleckchen Erde, zum Himmel richten.

Salurn

Salurn wurde insgesamt sieben Mal gegründet. Das erste Mal von Grödnern, dann von den Griechen, später von den Karthagern, dann von den Buchholzern, den Römern, den Normannen und schlussendlich von Christoph Patzeber ein letztes Mal in den Jahren 1680 bis 1688. Dieser fand, als er endlich das Dorf wiederaufgebaut und damit neu gegründet hatte, einen Keller mit Wein, trank dann ein Jahr lang diesen Wein und starb alsdann, wen hätte das gewundert, nachzulesen in einem Buch von Ja-

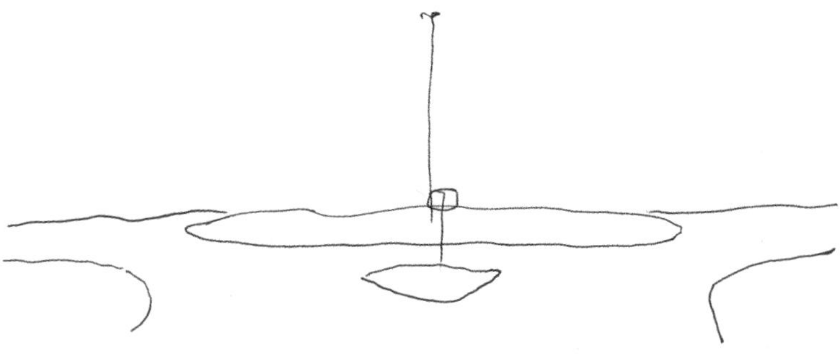

Salurn, Kreisverkehr

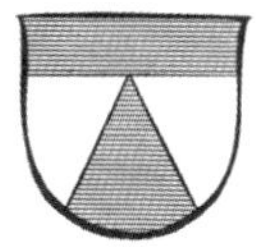

cob und Wilhelm G. Die wiederholten Zerstörungen Salurns gehen auf die dort vorherrschende Enge des Etschtales zurück, die im Laufe der Jahrtausende regelmäßig Staus verursachte und in deren Folge kriegerische Auseinandersetzungen und Gemetzel sondergleichen, wobei meist Salurn und die Salurner*innen daran glauben mussten, weil sie keine Ampeln aufgestellt hatten. Seit 2019 liegt Salurn an der Weinstraße.

An den sonnigen Hängen ziehen sich heute in Salurn die Reben dahin und im Talgrund wechseln sich Weingärten mit Obsthainen ab.

Rodeneck

Rodeneck, ursprünglich Rhodeneque, mit einem „h" nach dem „r" und hinten statt „c" und „k" „q", „u" und „e", wurde im Jahr 1111 vom Baron Comte Marquis Henri Baptiste Marie Antoniette de Rhodeneque et Pierre Nuages gegründet, indem er nordöstlich von Brixen eine französische Fahne in den Boden rammte und dazu die Marseillaise summte. Nachkommen besagten Barons gründeten nebenbei später unter anderem auch Rhode Island in den Vereinigten Amerikanischen Staaten. Wie es oft geschieht, wurde der Name der Landschaft, denn Rodeneck ist kein Dorf im engen Sinne, der Hauptort heißt Vill, im Laufe der Zeit immer wieder anders ge-

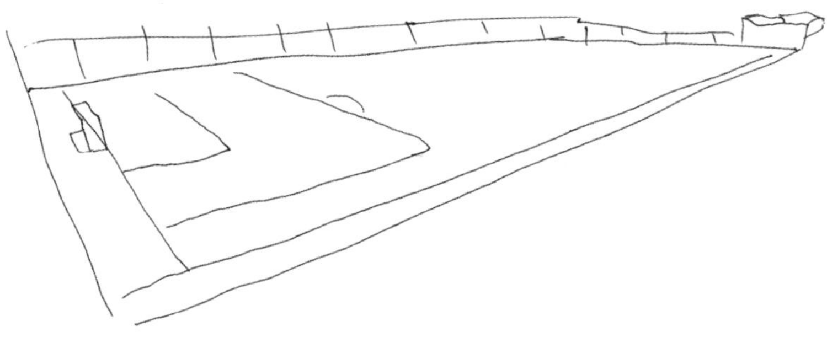

Rodeneck, Fußballplatz

schrieben, bis es zur endgültigen Schreibweise gelangte. „Nuages", zu Deutsch „Wolken", und „Pierre", „Stein", was der Baron neben „Rhodeneque" im Namen trug, haben auch heute noch Bestand, und zwar eingedeutscht in „Wolkenstein". Das Geschlecht der Wolkensteiner, eigentlich der Rodeneck-Wolkensteiner, war und ist noch heute eine Nebenlinie der Rhodenequer, die sich im dreizehnten Jahrhundert entwickelte, und die Grafen Wolkenstein haben auch heute noch das Schloss Rodeneck in ihrem Besitz. Der Hauptort Vill war übrigens früher eine Stadt und wo anders.

Rodeneck ist heute berühmt dafür, dass auf der Rodenecker-Lüsner Alm versucht wurde, den Gedanken der Schöpfungsgeschichte aufzufangen.

Ritten

Ritten ist eine Gemeinde auf dem Ritten. Der Ritten ist ein großer, flacher Hügel nördlich von Bozen, zwischen Bozen und dem Sarntal, und wurde von 988 bis 1288 von der Bozner Kriegs- und Architektenkammer gebaut, um das Einfallen berittener Sarner – das sind Bewohner des Sarntals – in die Stadt Bozen, wenn schon nicht zu verhindern, so doch zu erschweren, indem sie mit dem Ritten einfach das Sarntal zubauten. Natürlich verlegten die Sarner ihr Tal dann einfach weiter nach Westen, aber das ist eine andere Geschichte. Als nach dreihundert Jahren Bauzeit der neue Hügel feierlich eingeweiht werden soll-

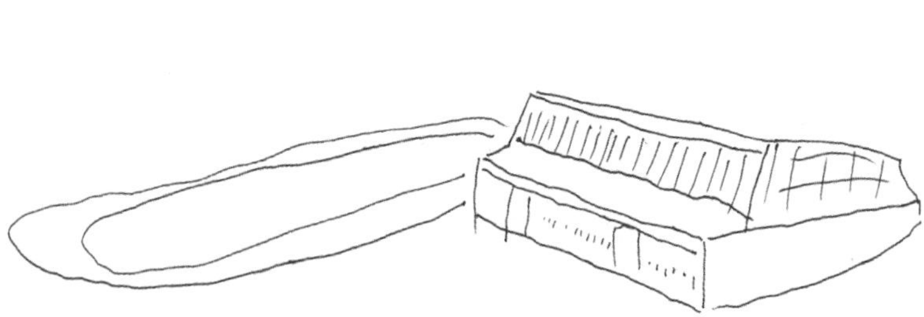

Klobenstein, Eishalle

te, war für ihn noch ein Name zu finden, und die Bozner Kriegs- und Architektenkammer schrieb 1290 einen Ideenwettbewerb aus, den der Sarner Josef Katzbichler mit „Ritten“ gewann. In der Begründung der Jury stand zu lesen, dass sich der Name vorzüglich eigne, da er keinerlei Sinn oder Bedeutung aufweise und deshalb sehr gut zum Namen des Hauptortes der Gemeinde passe: Klobenstein.

Am Ritten ist es heute möglich, Weite im Angesicht eines der schönsten Ausblicke weltweit zu atmen.

Riffian

Riffian wurde im Jahr 1005 von Ian Rif gegründet. „Ian“ war sein Vorname, „Rif“ der Nach- als auch der Name des Ortes, wo er herkam, er kam nämlich aus Rif, und Rif ist eine Siedlung in der Stadt Hallein im Bezirk Hallein im Salzburger Land in Österreich. Der Ian Rif war ein fleißiger Kerl, er hatte es in Hallein zu sieben Kindern von fünf verschiedenen Freundinnen gebracht, hatte leerstehende Häuser besetzt und war außerdem Maler

Riffian, Rathaus

gewesen. So war es kein Wunder, dass er sich dort, wo jetzt Riffian ist, niederließ. „Gehen wir zum Rif Ian einen trinken“, sagten die Männer der Gegend ab 1005, und die Frauen gingen ihn aus anderen Gründen besuchen, so entstanden die ersten Riffianer. Bilder sind von Ian Rif keine erhalten, aber immerhin das von ihm gegründete Dorf Riffian und seine Nachkommen, die Riffianer und Riffianerinnen.

Riffian ist heute unser Ferienort Riffian-Kuens und bekannt für die sanfte Schönheit unserer Landschaft, die Ihnen abwechslungsreiche Urlaubstage garantiert.

Ratschings

Allseits und weltweit bekannt ist die Gemeinde Ratschings durch eine Erfindung geworden, die die Geschichte der Menschheit nachhaltig veränderte und von der Ratschings auch seinen Namen ableitet. Im siebten Jahrhundert lebte in Stange in Außerratschings (heute Sitz der Gemeindeverwaltung) oder Telfes oder Ridnaun oder Mareit der experimentelle Komponist, Musiker, Erfinder und Agnostiker Kurt von Klaus. Dieser lehnte die bis dahin tradierte

Stange, Carabinieristation

Musik, wie sie hauptsächlich von der Kirche und ihren Mönchen praktiziert wurde, ab. Das Harmonische war ihm zu jenseitig, er wollte Musik aus Geräuschen machen, die nicht auf Harmonien basierten. Kurt von Klaus erfand also um das Jahr 667 die Ratsche, ein hölzernes Lärm- und Effektinstrument. Nach der Hornbostel-Sachs-Systematik ist es ein Schraprad, das den Schrapinstrumenten, also den mittelbar geschlagenen Idiophonen zugeordnet wird. Hierbei spannen die Zähne eines sich drehenden Rades eine oder mehrere elastische Zungen, die bei der weiteren Drehung entlastet werden, zurückschlagen und so ein prasselndes Geräusch erzeugen.

Ratschings bietet dir heute unzählige Wow-Momente sowie unzählige magische Wintermomente.

Rasen-Antholz

In der Gemeinde Rasen-Antholz gibt es weder Rasen noch Antholz, es gibt Niederrasen und Oberrasen und Antholz Niedertal, Antholz Mittertal sowie Antholz Obertal, am Ende des Tales Richtung nördliches Tirol und/oder Osttirol dann noch den Antholzer See, als einziges Überbleibsel der ursprünglichen Geschichte. Bis ins neunzehnte Jahrhundert war das heutige Antholz Niedertal Antholz, Antholz Mittertal Gassen und Antholz Obertal St. Josef. Es begab sich, dass im Jahre 1852 der Bürgermeister der Gemeinde von Antholz namens Hofer, zu der auch Rasen gehörte – damals noch nicht in Nieder- und Oberrasen getrennt – bestätigt durch einen einstimmigen Gemeinderatsbeschluss festlegte,

Niederrasen, Fernheizwerk

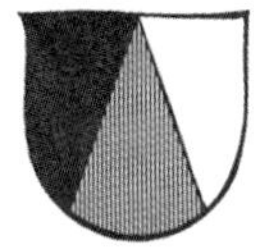

dass innerhalb von zehn Jahren das ganze Tal eine einzige Stadt werden sollte, auf den Namen Antholz hörend, und als erster Schritt alle bisherigen Dörfer schon einmal in Antholz umbenannt werden sollten, was umgehend geschah. Nun herrschte, das ist sich leicht vorzustellen, fortan große Verwirrung, beispielsweise wenn der Mayr Sepp zum Hintermussner Klaus sagte, er wolle ihn um zwei in Antholz treffen, welches Antholz war dann gemeint? Auch die Post hatte große Probleme. Also schritt der Landeshauptmann, ebenfalls aus der Hoferdynastie, ein und legte per Notstandsdekret die heutigen Namen fest: zweimal etwas mit „Rasen“ und dreimal etwas mit „Antholz“ und der See behielt seinen Namen und die Stadt wurde nie gebaut. Die Sache mit dem Bindestrich zwischen Rasen und Antholz wird einmal so und einmal anders gehandhabt, das Gemeindezentrum ist in Niederrasen.

Rasen-Antholz oder Rasen Antholz wird heute gern besucht dank seines Freizeitparks, seines Naturlehrpfads, seines Boccia-Platzes sowie seiner Minigolf- und der Biathlonanlage.

Proveis

Im Jahr 1111 trafen sich der Huber Veith, der Gstandner Erwin, der Franceschini Ingemar und der Sepp Klaus Maria Sabine Oberbauer zufällig im Wald im Nonstal, allen vieren war langweilig und drei von ihnen waren unglücklich verheiratet, nur der Sepp Klaus Maria Sabine Oberbauer nicht. Sie berieten sich also sogleich darüber, wie sie ihre Situation verbessern könnten, und kamen zum Ergebnis, dass ein Freizeitverein zu gründen sei, was sie auch sogleich machten, sie hatten sogar etwas zum Schrei-

Proveis, Rathaus

ben dabei und einer konnte auch schreiben. Der Gstandner Erwin war es, der auf den Namen „Pro Veis“ kam, wobei „Veis“ aus den Anfangsbuchstaben ihrer jeweiligen ersten Vornamen gebildet wurde – Veith, Erwin, Ingemar und Sepp. „Pro“ steht bekanntlich für „für“, ein Verein für sie selbst also, wie bei den meisten Vereinen. Am selben Tag rodeten sie dort, wo sie sich getroffen hatten, den Wald und trafen sich fortan immer donnerstags um drei Uhr nachmittags ebendort, um ihren Vereinsangelegenheiten nachzugehen. Mit der Zeit bauten sie Vereinshäuser, Vereinskirchen, Vereinsfeuerwehrhäuser und so weiter, immer versehen mit dem Schriftzug „Pro Veis“. Den Verein gibt es nicht mehr, das Dorf Proveis sehr wohl, und die dazugehörige Gemeinde auch.

Erholung ist in Proveis auch in der kalten Jahreszeit ein Thema, wenn Winterwanderwege und Schneeschuhtouren bis zu Aussichtspunkten führen, an denen an klaren Tagen sogar der Gardasee in der Ferne glitzert.

Prettau

Prettau ist die nördlichste und kleinste Gemeinde Südtirols im Ahrntal. Die luxemburgische Sprache oder kurz Luxemburgisch ist die Landessprache und eine der Amtssprachen von Luxemburg. Es ist eine moselfränkische Sprachvarietät des Westmitteldeutschen und Teil des deutschen bzw. kontinental-westgermanischen Dialektkontinuums. Linguistisch ist Luxemburgisch ein hochdeutscher Ausbaudialekt. „Prett“ ist Luxemburgisch und bedeutet „hübsch“, eine Au ist ein Fließgewässer, in die-

Prettau, Kraftwerk

sem Fall der Bach namens Ahr, der bei Prettau fließt. 1308 wurde Graf Heinrich von Luxemburg zum römisch-deutschen König gewählt, 1310 reiste er nach Italien, um sich zum Kaiser krönen zu lassen sowie mehrere Schlachten zu schlagen, und auf dem Weg in den Süden gründete er Prettau, vielleicht im Jahr 1311. Als Beweis für die Richtigkeit dieser Geschichte kann angeführt werden, dass auf dem Wappen von Prettau eine Krone zu sehen ist, oft fälschlicherweise als Berggipfel interpretiert.

Prettau besitzt einen Klimastollen mit der wohl reinsten Luft, die man atmen kann.

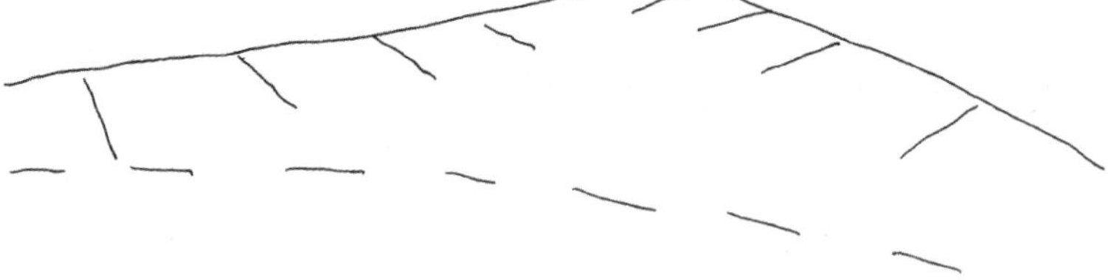

Schmieden, Parkplatz

Prags

Prags ist eine Gemeinde, der Hauptort heißt Schmieden, und beides liegt im Pustertal, nördlich von Cortina, das nicht mehr Südtirol ist und nichtsdestotrotz auch sehr berühmt. Der berühmteste Ort in Prags ist der Pragser Wildsee, ein illegal im Jahr 1218 angelegter See, daher auch der Zusatz „wild“. Es war nämlich so, dass damals Fischnotstand bestand, und so beschlossen drei Schmiede aus Schmieden, dem Wasser des Pragser Bachs einen Riegel vorzuschieben, oder, wie man damals sagte, aufzupracken. Pracken, Pragen, Prags.

Prags erstreckt sich heute im Pragser Tal, eingebettet in die Pragser Dolomiten, das Gemeindegebiet liegt zu einem großen Teil im Naturpark Fanes-Sennes-Prags samt Pragser Wildsee und Pragser Bach, und sogar namhafte Gäste wie Terence Hill kann Prags verzeichnen.

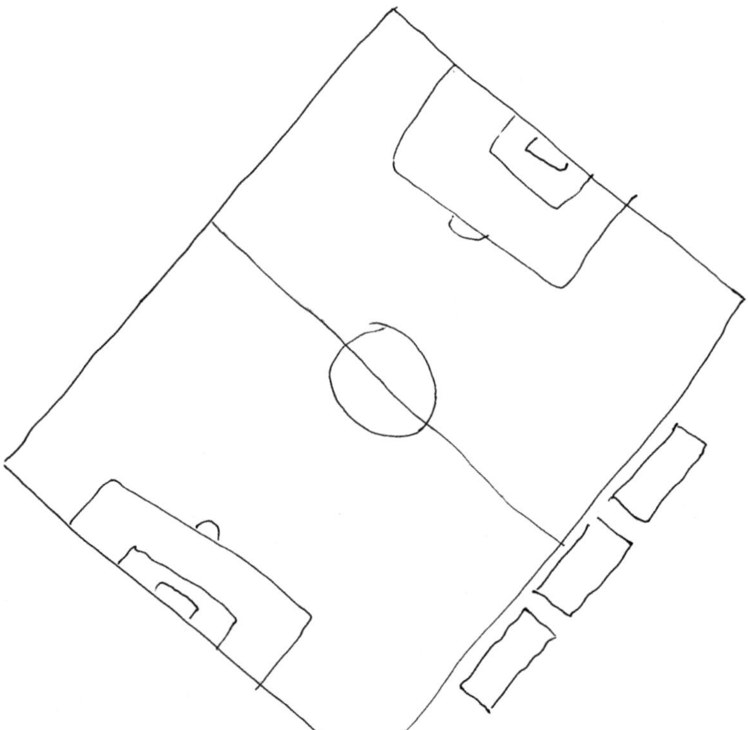

Prad, Fußballplatz

Prad am Stilfserjoch

1913 eröffneten die Gebrüder Prada ein Dorf im eleganten Vinschgau in Südtirol. Zunächst konzentrierte sich Prada auf die Herstellung und den Verkauf von exklusiven Getreideprodukten, wie Gerste, Weizen und Roggen. Fratelli Prada wurde 1919 vom Landeshauptmann Viktor Emanuel dem Dritten zum landeshauptlichen Hoflieferanten ernannt, was sich noch heute im Logo beziehungsweise im Wappen des Dorfes widerspiegelt, bestehend aus drei gelben Ähren, welche einem roten Boden entspringen, mit blauem Hintergrund. Der deutsche Name für „Prada" ist „Prad" und liegt am Stilfserjoch. Es bleibt ein Geheimnis, warum Prad nicht einfach nur „Prad" heißt, sondern „Prad am Stilfserjoch", es gibt nämlich weltweit kein weiteres Prad, von welchem sich zu unterscheiden mit dem Zusatz „am Stilfserjoch" nötig wäre.

Prad ist heute als ein einzigartiges Ensemble im Fluss der Zeit bekannt.

Plaus

Plaus liegt, von Meran kommend, links im Vinschgau, auch links von der Etsch, und die Etsch ist ein Fluss, der durch den Vinschgau fließt, dabei Plaus rechts liegen lässt, nach Meran und weiter in die Adria. Plaus wird gern mit Pauls verwechselt, das umgangssprachlich für St. Pauls steht, das im Südtiroler Unterland liegt. Plaus hat nichts mit Applaus am Hut, der durch das Aufeinanderschlagen der linken und der rechten Innenseite der Hände entsteht. Plaus, rückwärts gelesen oder gesagt oder auch gedacht, ergibt „Sualp“, „Sual“ bedeutet „Frage“ auf Aserbaidschanisch, „Sualp“ könnte aber unter bestimmten unbekannten Umständen auch von „su alp“

Plaus, Feuerwehr

kommen, Umgangslateinisch für „auf die Alm“ oder „auf der Alm“, aber die nächste Alm ist in Naturns. Manche meinen, Plaus komme von „Sumpf“, lateinisch „palus“. Stimmen tut hingegen, dass Plaus von „polus“ hergeleitet wird, lateinisch für „Stange“. Heute gibt es in Plaus wie auch andernorts immer noch viele Stangen, beispielsweise Straßenlaternen. Auch Kirchtürme sind Weiterentwicklungen von Stangen. Handymasten. Früher Zollstangen. Plaus wurde im Jahre 512 von einem gegründet, der aus Stange kam, das ist in Ratschings. Die Dorfkirche ist dem heiligen Ulrich gewidmet, der Bischof war, Bischöfe besitzen Stangen, auch Stäbe genannt.

In Plaus sind heute unter anderem Ruhe und Beschaulichkeit zur Genüge vorhanden, und auch Speck.

Pfitsch

Pfitsch gibt es im Grunde gar nicht, die Gemeinde heißt so, aber der Hauptort ist Wiesen. Sehr wohl gibt es hingegen das Pfitschertal, nordöstlich von Sterzing. Das Pfitschertal wurde von Engländern zwischen 1894 und 1898 als ein riesiges Freiluftfußballstadion gebaut. Damals war die Zeit, als sich das Fußballspiel, von England ausgehend, neue Regeln gab und sich weltweit zu verbreiten begann. Dabei gab es aber auch solche, die die neuen Re-

Wiesen, Rathaus

geln ablehnten. In England wurde beispielsweise im Frühmittelalter Fußball zwischen zwei Dörfern gespielt, es ging darum, den Ball durch das gegnerische Stadttor zu befördern. Das Spielfeld war dabei oft quadratkilometergroß und lag zwischen den zwei jeweiligen Ortschaften. Dies sei der richtige Fußball, sagten jene Engländer, die ihre Heimat verließen und in Pfitsch diese Urform des Fußballs praktizierten, während in England die neuen, kleineren Regeln eingeführt wurden. So wurden abwechselnd Spiele zwischen Wiesen und Afens und Afens und St. Jakob und so weiter ausgetragen, die Spiele dauerten oft Wochen. Der Name Pfitsch geht auf das englische Wort „pitch" zurück, das so viel wie „Feld, Spielfeld" bedeutet.

Wiesen und das Pfitschtal bilden eine der natürlichsten Zonen in ganz Südtirol und das führt zu einem wahren Relax-Erlebnis.

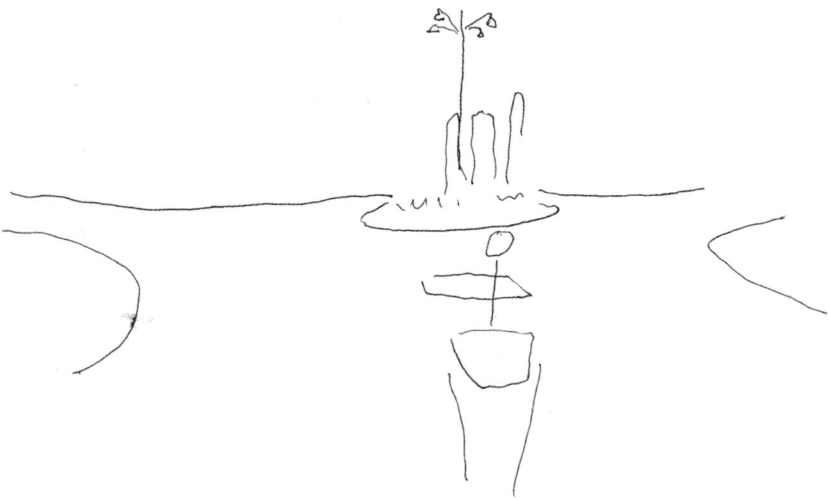

Pfatten, Kreisverkehr

Pfatten

Pfatten wurde am östlichen Fuße des Mittelbergs, der von Norden nach Süden verläuft, wie auch das Etschtal an dieser Stelle, gebaut, ganz nahe an den Berg hin, was zur Folge hat, dass die Sonne in Pfatten ein gutes Stück früher untergeht als in Leifers oder Branzoll, die weiter östlich liegen und nicht so stark vom Schatten des Mittelbergs betroffen sind. Vermutlich wurde auch deshalb auf dem Mittelberg die Leuchtenburg errichtet. Bis heute ist Pfatten ziemlich klein, was vermutlich ebenfalls auf den frühen Sonnenuntergang zurückzuführen ist. Der Name leitet sich vom lateinischen „vasa“, „Gefäße“, ab. Eine alte Sage, die nicht überliefert ist, besagt, die Pfattner hätten vor ganz vielen Jahren versucht, Licht in Gefäße zu bannen, um es dann am Abend auf der Leuchtenburg auszuleeren, die dadurch auch ihren Namen bekam.

In Pfatten wird heute fast jeder Wunsch erfüllt.

Pfalzen, Recyclinghof

Pfalzen

Der Name Pfalzen findet seinen Ursprung im Wort „walzen“. Pfalzen liegt heute deshalb auf einer Mittelgebirgsterrasse. Vermutlich wurde die Walze in Pfalzen erfunden. Auch heute existieren in Pfalzen noch verschiedene Baufirmen. Die Erfindung der Walze wird heute leider kaum mehr gewürdigt.

Pfalzen liegt heute an der Pustertaler Sonnenstraße, ist sonnig und von Nordwinden geschützt. Es gibt auch den Rundweg „Steine erzählen“.

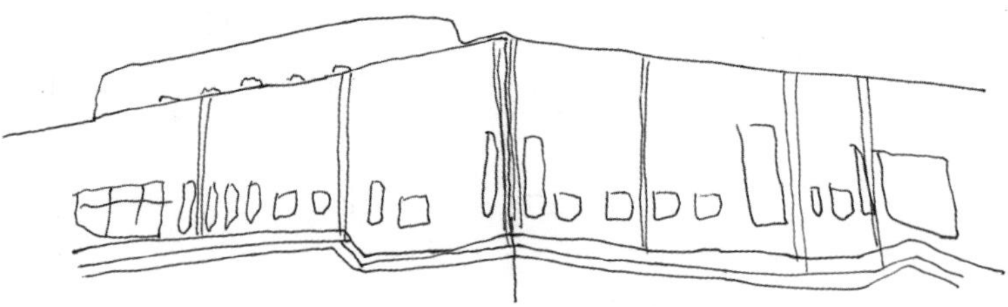

Percha, Vereinshaus

Percha

Percha wurde am 6. Jänner 234 von der Perchta gegründet, einer Frau, die fliegen konnte und eine große Nase hatte, humpelte und Menschen bestrafen oder belohnen konnte. Auf sie gehen nicht nur das Dorf Percha, ehemals Perchta, sondern auch später die Perchtenläufe zurück. Das Dorf gründete die Perchta, um ihre Verehrer um sich zu scharen, sie wurde nämlich weithin angebetet. Ihr Antagonist war der später heiliggesprochene Kassian, der als erster Bischof von Brixen gilt. Dieser wurde im Jahr 303 oder 304 oder 305 von seinen Schülern umgebracht, weil er sie unrechtmäßig zu Christen machen wollte, auf jeden Fall an einem 13. August, Schulferien gab es damals noch nicht. Der 13. August ist heute noch ein Feiertag in Percha.

Percha und die dazugehörige Gemeinde liegen heute im Naturpark Rieserferner-Ahrn und haben mit den Erdpyramiden von Platten ein schönes Naturdenkmal aufzuweisen, das besonders bei Familien beliebt ist.

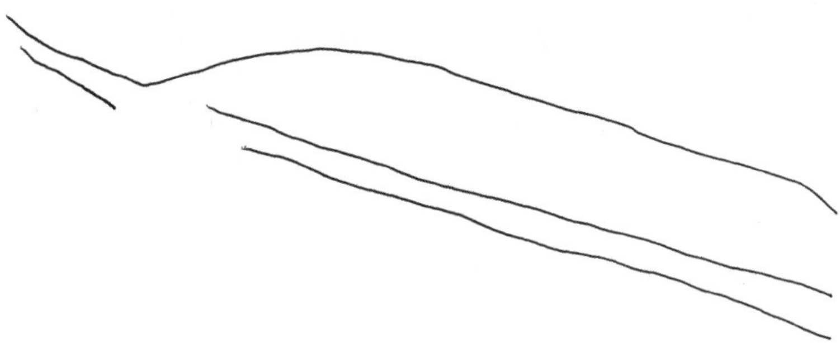

Partschins, Parkplatz

Partschins

Der Name Partschins setzt sich ursprünglich aus einem romanischen Wort, „part", „Teil", und einem deutschen zusammen, „zins", altdeutsche Schreibweise „tschins". Kurz nach Null hatten die Römer die Landtagswahlen gewonnen, bauten Straßen, Aquädukte, Burgen und eben auch Zollstationen, so auch bei Partschins oder auf der Töll. (So kommt „Töll" nebenbei auch vom lateinischen „telonium", „Zollstätte".) Der Name Partschins war ein Versuch, die Spannungen zwischen der neuen Regierung und den Eingeborenen zu mildern, indem eine Neuschöpfung aus, wie schon erklärt, einem romanischen und einem deutschen Wort gebaut wurde. Um das Jahr 100 wurde der Name formalisiert und eingetragen. Warum am Wappen von Partschins ein Ufo dargestellt ist, muss offen bleiben.

Partschins ist heute für das Waldbaden bekannt, aber auch für die Luft am Partschinser Wasserfall mit so reiner Luft wie in der Antarktis, außerdem liegt Gold in der Luft.

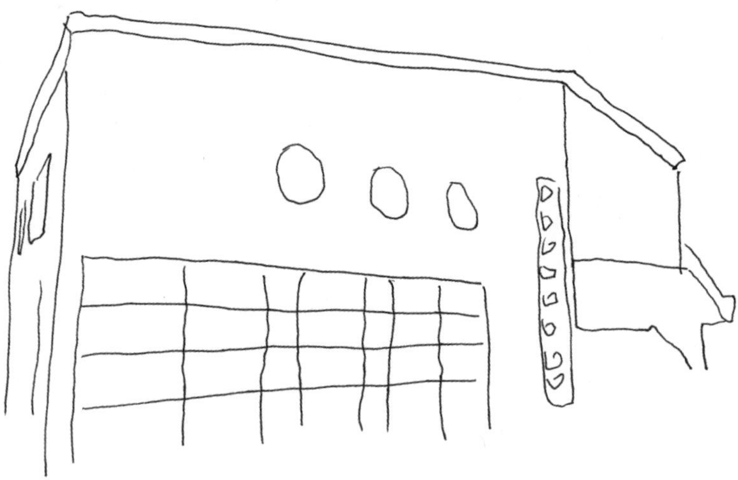

Mitterolang, Kongresshaus

Olang

Olang geht auf das arabische Wort „alan“ zurück, das sich mit der Zeit zu „Olang“ weiterentwickelte. Im Augenblick gibt es der Olangs drei, Ober-, Mitter- und Niederolang, wobei das Rathaus in Mitterolang weilt. Welches Olang als Erstes gegründet wurde, ist nicht bekannt. Gesichert ist hingegen sehr wohl, leicht zu erraten, dass Olang von Arabern gegründet wurde. Von 831 bis 1091 bestand auf Sizilien ein arabisches Emirat. In dieser Zeit wurde die Insel wohlhabend und auch kosmopolitisch. Nach Olang kamen die Emire und Emirinnen zur Abkühlung in den Sommermonaten. Auch die nahen Dolomiten, der Kronplatz und der nicht weit entfernte Pragser Wildsee waren sicherlich Gründe für die Gründung von Alan als Ferienkolonie. Alan bedeutet auf Arabisch „im Augenblick“.

Olang wird heute unter anderem gerühmt für seine Hygiene und Sauberkeit, die dort immer schon höchste Priorität hatte.

Niederdorf, Bushaltestelle

Niederdorf

Niederdorf ist im Südtiroler Pustertal anzutreffen, nicht zu verwechseln mit jenem in Sachsen. Es gibt zwei Lieder, die die Geschichte von Niederdorf erzählen. Das erste geht so: „Niederdorf, du bist so schön, Niederdorf, du Blume, Niederdorf, du bist so schön, und Oberdorf ist futsch, Oberdorf ist futsch gegangen." Das zweite geht so: „Ob er darf, ob er darf, zum Städtele hinaus, Städtele hinaus, nur du mein Schatz bleibst hier. Nie er darf, nie er darf zum Städtele hinaus, nur du mein Schatz darfst schon." Das zweite Lied erklärt auch den etymologischen Ursprung von Niederdorf (und Oberdorf): „nie er darf", ursprünglich und dialektal „nie der dorf", sowie entsprechend „ob er dorf" – „dorf" ist jeweils dürfen. Oberdorf gibt es heute nicht mehr, laut Lied gab es es einmal.

Niederdorf ist heute das erste „Kneipp für mich"®-Erlebnisdorf Italiens mit dem Kurpark Niederdorf.

Neumarkt

Neumarkt wurde im Herbst des Jahres 1199 von einem Trientner Bischof begründet, er gründete einen Markt, „Markt“ bedeutete, dass dort Handel betrieben werden durfte, und er nannte den neuen Markt „Neumarkt“. Der Name des Bischofs war Konrad von Beseno und er regierte von 1188 bis 1205, dem Jahr, als er zurücktrat, was sehr ungewöhnlich für einen Bischof ist, denn Bischöfe erhalten in der Regel durchwegs lebenslange Arbeitsverträge, außerdem eigentlich beidseitig unkündbare. Die Faktenlage ist folgende: Konrads Nachfolger, Bischof Friedrich von

Neumarkt, Seniorenheim

Wangen, 1207 eingesetzt, machte sich, kaum im Amt, sofort daran, ein Urkundenbuch zu schreiben, mit dem er unter anderem gesetzlich regelte, welche Rechte ein Bischof habe, und daraus folgend, welche nicht, bekannt als Codex Wangianus. Er kaufte unter anderem Burgen, auch die seines Vorgängers Konrad, was eventuell als Zeichen für dessen finanziellen Ruin angesehen werden kann, was eventuell mit der Gründung von Neumarkt zu tun gehabt hat. Auch dass der neue Bischof neue Gesetze zur Regelung der Kompetenzen der Bischöfe einführte, legt nahe, dass sein Vorgänger ziemlich viel Mist gebaut hat. Er hatte auf jeden Fall viele Widersacher, das ist gesichert, und er hatte das Bistum in Aufruhr verlassen, auch das ist gesichert. Per Landesdekret ist ob der Tatsache, dass neue Dinge nie neu bleiben, seit 1809 verboten, irgendetwas und damit auch Dörfer oder Städte mit dem Präfix „Neu“ zu taufen.

Neumarkt ist heute bei Naturfreunden, Kunstfreaks und Weinliebhabern beliebt, ob auf zwei Rädern oder gemütlich zu Fuß.

Natz-Schabs

Und der Natz, der war Hotelier, und der Schabs, der war Bauer. Und der Natz wollte anbauen und der Schabs war dagegen. Und der Schabs wollte mehr Weidegrund und der Natz war dagegen. Und in Raas wohnte die schöne Klothilde und der Natz wollte sie küssen und der Schabs wollte sie küssen und die schöne Klothilde wusste nicht ein und die Klothilde wusste nicht aus, ihr gefielen beide, der Natz und der Schabs. Der Natz schenkte ihr Unter-

Schabs, Fernwärme

wäsche, der Schabs schenkte ihr ein Kleid. Der Natz lud sie zum Essen ein, der Schabs zu einer Wanderung. Und Klothilde bekam immer wieder Kinder, eines vom Natz und eines vom Schabs, nie wusste sie, von wem. Und der Natz, der kaufte die Windeln, und der Schabs, der kaufte die Schnuller, und der Natz kaufte das Essen und der Schabs kaufte das Trinken. Und dort, wo dem Natz sein Hotel war, ist jetzt Natz, und dort, wo dem Schabs sein Hof war, ist jetzt Schabs, und Raas blieb, wo es war, und wenn sie nicht gestorben sind, so ist das noch heute so. 1929 wurden die Gemeinden Natz und Schabs zu Natz-Schabs fusioniert, was zu großen Rechtschreibproblemen führte. Natz und Schabs sind seither beide Hauptorte der Gemeinde, obwohl das Rathaus nur in Schabs steht.

Am 1. Mai findet in Natz-Schabs immer das Fest der Königinnen statt und die Liste der anwesenden Produktköniginnen ist lang und reicht von der Apfelkönigin über die Spargelkönigin bis zur Zwiebelkönigin.

Naturns, Bahnhof

Naturns

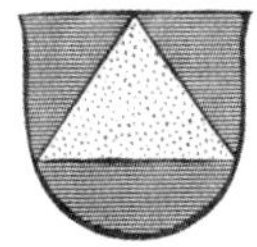

Fährt oder geht man von Meran nach links, der Etsch nach, in den Vinschgau, kommt man nach circa fünfzehn Kilometern nach Naturns. Das Dorf wurde schon in der Mittelsteinzeit, die am 2. Juni 9600 vor Null begann, vom Volk der Naturnser gegründet, recht naturverbundenen Leuten. Die Naturnser waren ein matriarchal organisiertes Volk, sie waren auch nicht wirklich sesshaft und kamen nur zur Sommerfrische nach Naturns. Die Naturnser gingen aber wie fast alle mit der Zeit, wurden um Ostern 5000 vor Null sesshaft, begannen Äcker zu bestellen, Tiere zu halten, schlossen sich der Vaseboccaquadrata-Kultur an, nahmen an der Bronze- und Eisenzeit teil, wurden um Null Römer und so weiter und so fort. Der Name Naturns, der sich auf das ursprüngliche Volk der Naturnser bezieht, blieb trotzdem über die Jahrtausende unverändert erhalten.

Naturns ist heute ein alpin-mediterranes Wellness-Dorf.

Nals

Im Jahr 1106 wurde auf dem Schwemmkegel vom Nalser Bach in einer Hütte mit einem Ochsen, einem Esel, einem vermeintlichen Vater und natürlich einer Mutter, am Himmel ein Komet, Natz Nils Nutzwieser geboren, am 2. Februar. Der Komet mit dem Namen X/1106 wurde unter anderem auch in Belgien, Bari und ein paar Tage später in Palästina gesichtet, sowie auch andernorts. Drei Tage zu spät, aber immerhin, kamen die drei Landeshauptmänner von Süd, Ost und Nord zu Besuch und brachten Geschenke mit. Alle zusammen hegten die Hoffnung, Natz Nils Nutzwieser werde zu einem großen,

Nals, Vereinshaus

weisen und wichtigen Mann heranwachsen, vielleicht sogar eine neue Religion gründen. Doch daraus wurde nichts, er übernahm einfach die väterliche Tischlerei. Diese Tischlerei hatte bis dahin Tischlerei Sepp geheißen und nun hieß sie Tischlerei Nals. Nals war der Rufname des Natz Nils gewesen, er selbst hatte ihn sich im Alter von einem Jahr gegeben, als noch viele Hoffnungen auf ihm gelegen waren. So entstand Nals.

Nals ist heute bekannt als das mediterrane Rosendorf im Süden von Meran und bietet Apfelführungen an.

Mühlwald

In Mühlwald lebte einst, als dort noch Wald stand, wo heute Mühlwald ist, ein Mechaniker. Ein Mechaniker war damals, anders als heute, jemand, der sich mit Mechanik beschäftigte, ein Physiker also, und meist waren diese Mechaniker Eunuchen und streiften mit langen Bärten und im Sommer nackt durch die Wälder, so auch dieser. Nun lebte der Mechaniker in einer Zeit, als es viele Mühlen im Land gab, vielleicht sogar zu viele, landauf und landab waren alle Flüsse und Bäche voll mit Mühlen, das Wasser kam fast nicht mehr vom Fleck, und so konnten keine neuen mehr gebaut werden. Ein Bauer hatte dem Mechaniker gegenüber sein Leid geklagt und der

Mühlwald, Fußballplatz

Mechaniker begann nach einer Lösung zu suchen. Es musste eine Möglichkeit geben, Mühlen mit etwas anderem als Wasser anzutreiben, dachte er sich. Er setzte sich auf einen Stein, so ähnlich wie später der Dichter, und dachte scharf nach. Gedankenversunken hörte er nicht den Wolf, der sich hinterrücks anschlich, und schon war es geschehen. Niemand weiß, wie weit der Mechaniker gedacht hatte, ob er vielleicht sogar an den Wind als Antriebsmittel gedacht hatte, es wäre eine Sensation gewesen. Fortan wurde jedenfalls der Wald, wo der Mechaniker über Mühlen sinniert hatte, Mühlwald genannt, und auch später das Dorf, als der Wald gerodet war.

Zahlreiche Mühlen, Wasserläufe und Sägen prägen das Landschaftsbild des Mühlwalder Tals heute, das sich in das Herz der Zillertaler Alpen hineinschlängelt.

Mühlbach

Der Name Mühlbach geht auf den weit über die Südtiroler Landesgrenzen hinaus bekannten Südtiroler Philosophen Marius Franziskus Gruber Prugger Müller von Vals und Springes zurück, der von 999 bis 913 vor Null in Vals und Springes lebte, Fraktionen vom heutigen Mühlbach. Gute sechshundert Jahre vor Aristoteles und noch viel länger vor Schopenhauer und Darwin beschäftigte sich Gruber Prugger, wie er abkürzungsweise genannt wird, in seinen Werken unter anderem auch mit Kausalketten. Während

Mühlbach, Bahnhof

Aristoteles die heute berühmteste und nach wie vor nicht definitiv geklärte Frage stellte, wer zuerst da gewesen sei, die Henne oder das Ei, philosophierte Gruber Prugger Müller von Vals und Springes darob, ob ein Mühlbach, auch wenn an ihm keine Mühle stehe, trotzdem ein Mühlbach sein könne, weil theoretisch doch für eine Mühle verwendbar. Er behauptete folglich, jeder Bach sei auch zugleich ein Mühlbach, sogar als die Mühlen noch gar nicht erfunden waren, und seine Theorie wurde bis heute nicht widerlegt. Der Lesezirkel Vals und der Bibliotheksrat Springes gründeten im Jahr 1023 Mühlbach als Erinnerung an die berühmte Theorie des Marius Franziskus Gruber Prugger Müller von Vals und Springes.

Als Attraktionen bietet Mühlbach heute unter anderem einen Minigolfplatz, ein Freibad, ein Hallenbad und nicht zuletzt die heimische Küche.

Moos in Passeier

Während Moos am Bodensee am Bodensee liegt, es ein Moos auch in Niederbayern gibt, liegt Moos in Passeier in Südtirol im Passeiertal, nördlich von Meran, das nördlich von Lana liegt, im Hinterpasseier. Auch ungezählte Ortsteile weltweit hören auf den Namen Moos, etymologisch auf Maß zurückzuführen, ein Hohlmaß für Bier oder Radler. Während der Name weit verbreitet ist und eventuell auch als einfallslos bezeichnet werden kann, ist die Geschichte von Moos in Passeier aus landschaftlicher Sicht doch interessant. Bevor der Ort als solcher aus der Taufe gehoben wurde, wurden nämlich schon dessen Sehens-

Moos, Grundschule

würdigkeiten gebaut. 419 wurden die Stieber Wasserfälle fertiggestellt, die Stuller Fälle 624. Es folgten der Seeber See, der Schneidlanersee und der große Timmler Schwarzsee in den Jahren 719, 984 und 1023. 1401 wurde weiters ein See südlich von Rabenstein angelegt, der die Passer staute. Der Damm brach aber immer wieder, insgesamt acht Mal und das letzte Mal endgültig, das war 1774. Er trug ob des Kummers, den er bereitete, den Namen Kummersee. Wann genau Moos in Passeier entstand und sich so nannte, ist noch nicht erforscht. Sicher nicht vor der Erfindung des Bieres vor rund 13.000 Jahren in Israel.

Moos in Passeier überzeugt heute vor allem mit Tradition und Natur.

Montan, Parkplatz

Montan

Seit immer schon war und ist Montan für sein Handwerk bekannt. In Montan wurden schon keltische Duschkabinen, römische Teller, bayrische Hüte, venezianische Kaffeemaschinen, deutsche Schuhe, schweizer Besteck, christliche Kreuze und muslimische Halbmonde wenn nicht hergestellt, so doch oft zumindest zusammengebaut oder repariert. Seit Jahrtausenden wird nach Montan gegangen, gefahren, manchmal sogar geflogen oder mit dem Zug bis Auer angereist und anschließend der Bus Nummer 140 genommen, deshalb. „Montan“ kommt vom lateinitalinischen „montare“, „anschließen“, „zusammenbauen“.

Montan ist heute als kleines Paradies auf Erden bekannt, denn hier scheint die Sonne erwiesenermaßen öfter als anderswo.

Mölten

Während ein Möltener Priester, Lehrer und Heimatforscher „Mölten“ vom keltischen Wort „Maol Dun“ für „Bergwohnstätte“ ableitet, sehen andere, eventuell auch Priester und Lehrer, im römischen „maletum“ für „Apfelbaumpflanzung“ den Ursprung des Wortes „Mölten“. Die plausibelste Theorie greift hingegen auf das ungarische „mölt“ zurück, was auf Deutsch so viel wie „mausern“ bedeutet. Die Urungaren, Magyaren genannt, unternahmen Ende des ersten Jahrtausends immer wieder Raubzüge nach ganz Europa und somit wohl auch nach Südtirol, das damals schon zu Europa gehörte.

Mölten, Rathaus

Wahrscheinlich kamen die Magyaren zweimal nach Mölten zum Rauben, und beim zweiten Mal staunten sie nicht schlecht, wie gut sich das Dorf seit ihrem letzten Besuch erholt hatte – oder eben in ihrer Sprache „mölt“, übersetzt „gemausert“. Und damit sich Mölt, wie das Dorf dann hieß, auf die Nachbargemeinde Jenesien reime, wurde Mölt 1755 per Volksabstimmung 13:7 am 7. Juli zu Mölten umbenannt.

Mölten besitzt heute Haflingerpferde, Europas größtes Lärchenhochplateau und einen Kraftplatz.

Meran

Bis vor ca. 200 Millionen Jahren lag Meran am Meer, daher auch der Name, der sich mit „Mer“ auf das leider schon längst verschwundene salzige Nass bezieht. „Mer an“, „am Meer“. Jahrhunderttausende lang wurde die Präposition nach dem Nomen angeführt, später erst wurde die Reihenfolge umgedreht. Von den gloriosen Zeiten am Meer zeugen in Meran heute noch die Palmen, Zypressen und Libanonzedern, große Hotels und Villen, insbesondere jene an der Kurpromenade, wo sich damals das Lungomare, die Strandpromenade befand. Dort, wo heute die Passer in die Etsch fließt, befand sich der Ha-

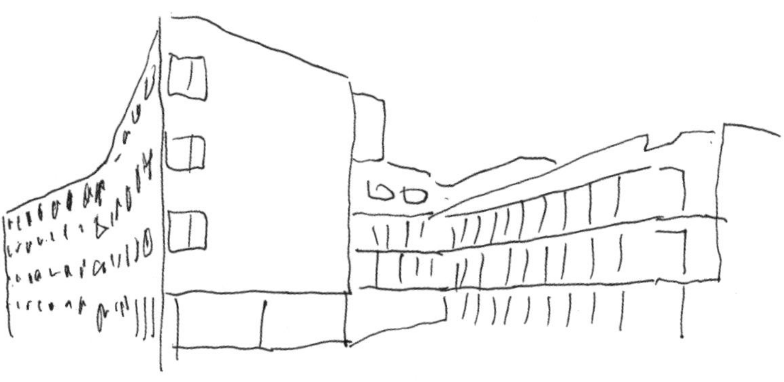

Meran, Seniorenheim

fen. Damals war Meran auch eine bedeutende Handelsstadt, besonders die Äpfel aus dem Vinschgau wurden in Meran eingeschifft und über das Meer bis nach Afrika exportiert. In der entgegengesetzten Richtung kamen vom Süden Kokosnüsse. Auch das heute mediterrane Klima Merans zeugt noch von seiner Vergangenheit als Küstenstadt. Mehr als 199 Millionen Jahre lang war dann Meran, nachdem sich das Meer zurückgezogen hatte, bedeutungslos. In der Mitte des neunzehnten Jahrhunderts ging es dann aber wieder aufwärts. Franz Kafka kam beispielsweise einmal zum Briefeschreiben nach Meran.

Für Menschen aus dem Norden ist die Region von Meran heute das Tor zum Süden. Für Menschen aus dem Süden das Tor zum Norden.

Martell

Martell gibt es eines in Südtirol, in einem Seitental des Vinschgaus, eines in Kalifornien, eines in Nebraska, eines in Wisconsin. Den Nachnamen Martell trugen ein amerikanischer Chemiker, eine deutsche und eine amerikanische Schauspielerin, ein deutscher Lehrer, eine deutscher Sänger und Komponist, eine weitere deutsche Schauspielerin, ein amerikanischer Schauspieler, ein türkischer Herrscher, ein ungarischer Adeliger, ein deutscher Schauspieler, nein zwei, eine schottische Fernsehmoderatorin und Sängerin, ein amerikanischer Musiker, ein italienischer Schauspieler, ein österreichischer Sänger und Kom-

Gand (Martell), Recyclinghof

ponist, eine Schweizer Sängerin, ein schwedischer Unihockeyspieler, ein amerikanischer Musikproduzent, das Pseudonym des preußischen Offiziers Wilhelm von Pochhammer war Wilhelm Martell, und es gibt den Spirituosenhersteller Martell, für seinen Cognac bekannt. Martell ist also weitverbreitet und es scheint gesichert, dass das Wort in grauer Vorzeit einmal ein ausgesprochenes Modewort gewesen sein muss. Ob es je eine Bedeutung hatte, und falls ja, welche, ist nicht überliefert, ebenso auch nicht, warum es kein Dorf Martell gibt und der Hauptort der Gemeinde Meiern heißen muss.

Eine atemberaubende Bergkulisse, schmackhafte Beeren und aktiver Biathlonsport machen das Martelltal heute besonders.

Marling

Marling wurde im Jahr 363 von einem Sizilianer gegründet, der seine Heimat auf der Suche nach Arbeit und Abkühlung verlassen hatte. Sein Name ist nicht überliefert. Dort, wo sich nun Marling befindet, gab es zu dieser Zeit nur ein paar Häuser und Höfe. Dem zum Trotz, also trotzdem, eröffnete der wagemutige Mann eben im Jahr 363 eine Pizzeria, sogar ohne einen Kredit von der fürstlichen Bank am Schloss Lebenberg. Es war die erste Pizzeria Südtirols und das Geschäft lief blendend. Der

Marling, Rathaus

Name der Pizzeria war „L'uomo che venne dal mare", auf Deutsch „Der Mann, der vom Meer kam", vielleicht ein etwas zu lang geratener Name, den die Südtiroler*innen damals auf jeden Fall zu umständlich fanden, und sie sagten stattdessen, sie gingen „zum Meerling" zum Pizzaessen. Meerling, also „der, der vom Meer kommt", siehe auch Erdling. So. Marling liegt auf 363 Metern über dem Meer, im selben Jahr wurde es gegründet. Möge es ein Zufall sein, man weiß es nicht.

In Marling genießen Aktivurlauber authentische und echte Südtiroler Qualität in allen Höhenlagen. In Selsey, England, gibt es von der Pfarrkirche einen Nachbau.

Margreid

Margreid, auf halbem Weg zwischen Bozen und Trient gelegen, gehörte historisch einmal dort- und einmal hierhin. Und das nicht erst in neuester Zeit, sondern schon zur Zeit der Römer und Römerinnen. So gehörte Margreid einmal zu Noricum, dann zu Raetia, sowie auch abwechselnd den Bischöfen von Brixen und Trient, den Grafen von Tirol, denen von Eppan-Ulten, den Bayern, und so weiter und so fort und so weiter und so fort. „Marg" bezeichnet auf Lateinisch „Rand", und Margreid war oft am Rand irgendeines Reiches, einmal auf

Margreid, Kulturzentrum

dieser, einmal auf der anderen Seite. Die zweite Silbe „reid“ stammt vom Altdeutschen „reiden“, „reiten“. „Die, die am Rande reiten“, könnte man und frau sagen. Das Horn am Wappen von Margreid ist jenes nicht mehr erhaltene, das immer dann ertönte, wenn wieder einmal die politische Zugehörigkeit gewechselt wurde und das In-das-Horn-Blasen das Zeichen für die Margreider war, dass bis zum Eintreffen der neuen Machthaber keine bisher geltenden Gesetze mehr Gültigkeit besaßen.

Margreid liegt heute an der Weinstraße, gilt als eines der schönsten Weindörfer Südtirols überhaupt und besitzt eine Feuerwehrhalle, die als Meisterwerk gilt.

Mals

Mals ist die zweitnordwestlichste Gemeinde im Vinschgau, das Hauptdorf ist Mals, und flächenmäßig ist sie auch die zweite Südtirols. Vor vielen, vielen und abermals vielen Jahren war ein junges Mädchen, Edimunde gerufen, auf der Heide, später Malser Haide, Schafe hüten. Da kam ein alter, blinder Müller vorbei und fragte das Mädchen, ob er ein Schaf haben könne, er habe Hunger. Edimunde, die ein allzu gutes Herz hatte, erweichte eben jenes sofort und gab dem Mann ein Schaf mit. Als sie am Abend nach Hause kam, erzählte sie die Geschichte und wurde alsdann heftig gescholten, sie dürfe erstens nicht mit fremden Menschen sprechen und zweitens natürlich auch keine Schafe herschenken. Außerdem wurde ihrer Geschichte kein besonderer Glauben geschenkt, es wur-

Mals, Carabinieristation

de als unwahrscheinlich angesehen, dass ein Blinder auf der Heide allein unterwegs sei. Die Mutter der Edimunde, auch von schönem Herzen und auch gescheit, fragte die kleine Edimunde, ob denn der blinde Müller vielleicht eine Binde getragen habe. Ja, sagte die Kleine. Der Vater holte flink Papier und Stift und sagte, Edimunde solle die Binde malen. Sie malte sodann eine Binde mit drei Kreisen, und so wussten sogleich alle, dass die Geschichte doch stimmte, weil im Dorf gab es keinen Blinden und also hatte die junge Edimunde nicht wissen können, wie eine Blindenbinde aussah. Die drei Kreise sind heute noch im unteren Teil des Malser Wappens zu sehen. Der Name kommt vom Ausspruch des Vaters der Edimunde: „Mal es – mal's".

Mals ist heute der sonnigste Ort Südtirols, und von ganz besonderem Reiz sind die großen Gegensätze, die diese Landschaft prägen.

Lüsen

Lüsen geht auf das Südtiroler Pendant des spanischen Ritters Don Quijote zurück, Don Brixote della Plosa, er ist auch am Wappen von Lüsen verewigt. Der Autor des Buches, Werner von der Schafwiese, hatte um 1630 Don Quijote in ladinischer Übersetzung gelesen und sich in den Kopf gesetzt, eine Südtiroler Neufassung zu schreiben mit Rittergeschichten, die eben hier spielten. Von der Schafwiese bekam für die Erstellung des Manuskripts eine erhebliche Förderung vom Amt für Kultur, und mit diesem Geld mietete er eine einfache Hütte nordöstlich

Lüsen (Dorf), Feuerwehr

von Brixen, um, abgeschieden von der Zivilisation, sein Buch zu schreiben. In einer dieser Geschichten muss Don Brixote von der Plosa einem König von Salurno einen politischen Ratschlag geben, um nicht mit einem Spiegel blind geblendet zu werden. Don Brixote empfiehlt in dieser Geschichte dem König, er solle „lüsen“. Als der König alsdann Don Brixote fragte, was das bedeute, erklärte ihm dieser, es handle sich dabei um das Lösen des Problems durch eine Lüge. „Lüsen“ ergebe sich dabei aus „Lösen“ und „Lügen“. Lüsen. Don Brixote wurde für diese Idee in weiterer Folge nicht nur nicht geblendet, sondern gelobt, und 1647 wurde dort, wo Werner von der Schafwiese seine Hütte gehabt hat, Lüsen errichtet, als Dorf „Dorf“ genannt und auch als Gemeinde.

Lüsen bietet heute sanfte Hügel, samtene grüne Teppiche der sommerlichen Almwiesen und endlose verschneite Weiten auf der Lüsner Alm.

Leifers, Recyclinghof

Leifers

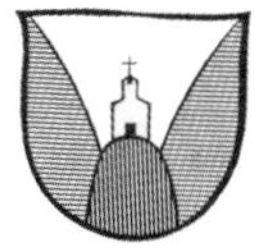

Der Sage nach sagten die ersten Siedler, die sich im heutigen Leifers niederließen, sie waren aus Wien gekommen, also Wiener: „Leiwand, schön ist es hier" – würden wir heute sagen. Damals, um das Jahr 200, wurde in Wien noch ein lateinischer Dialekt gesprochen, und so sagten sie ungefähr doch eher „laives" oder etwas zwischen „leiwand" und „laives", unter Umständen „leifers", schön fanden sie es auf jeden Fall und blieben und vermehrten sich, tranken Wein und später auch Bier. Auch bauten sie später Häuser, danach Straßen, und dazwischen entstand eine Stadt, Leifers, italienisch Laives.

Leifers gehört wie Branzoll und Pfatten zum Süden Südtirols, wo Ferien so facettenreich wie Ihre Wünsche sind, rund zehn Kilometer südlich von Bozen gelegen und eingebettet in einem Meer von Apfelbäumen.

Laurein, Rathaus

Laurein

Da gab es bekanntermaßen den König Laurin, der die angeblich schöne Tochter des Königs an der Etsch raubte, auf einem Pferd. Man fand ihn und seinen Zaubergürtel samt Tarnkappe in einem Rosengarten, besser gesagt: in seinem, und er wurde gefangen genommen, was ihn sehr ärgerte, worauf er also den Rosengarten verfluchte, und zwar insofern, dass kein Mensch ihn weder bei Tag noch bei Nacht sehen sollte. Dabei vergaß er die Dämmerung, das ärgerte ihn abermals sehr, denn zur Dämmerung war der Rosengarten alsdann doch zu sehen. Nach dieser Episode ging König Laurin nach dem Deutschnonsberg, gründete das Dorf Laurein, nach ihm benannt, und blies Trübsal, bis er, wie viele Könige und Nichtkönige weltweit, irgendwann starb.

Laurein bietet dir heute schon vom Dorf aus einen schönen Panoramablick.

Latsch, Musikschule

Latsch

Latsch wurde von Leuten der Remedello-Kultur gegründet, um das Jahr 3200 vor Null. Die Remedellaner in Latsch hatten den benachbarten Vinschgern gegenüber einen großen Vorteil und einen großen Nachteil. Der Vorteil war, dass sie sogenannte Remedellodolche besaßen, die Vinschger hingegen nicht, und dadurch hatten die Urlatscher einen kriegerischen Vorteil, den sie auch nutzten. Als sie jedoch die benachbarten Dörfer Goldrain, Latsch, Morter und Tarsch, die erst später von den Remedellanern getauft werden würden, erobert hatten, gaben sie sich damit zufrieden. Das war der Nachteil der Latscher der Remedellokultur, das Sich-Begnügen, sie waren genügsam. So wurde auch St. Martin im Kofel erst 1928 nach dem Bau einer Seilbahn zum auf 1740 Metern liegenden Dorf erobert.

Neben der Kultur dominiert heute in Latsch ein großes Freizeit- und Sportangebot.

Lana

„Lana“ war ursprünglich eine Abkürzung für „Liga Anarchischer Natur Anbeter“. Im Grunde war diese Liga eine Vereinigung von Anhängern der freien Körperkultur – später abgekürzt als FKK –, sie werden auch als Urhippies bezeichnet. Die Liga wurde im siebten Jahrhundert gegründet und weist Parallelen zum Urchristentum auf. Ob es auch einen direkten Zusammenhang mit oder Beeinflussung durch Letzteres gibt, ist nicht belegt, vielmehr wird von einer unabhängigen Entwicklung der „Lana“ ausgegangen. Die Mitglieder waren, so weit es ging, stets

Lana, Busbahnhof

nackt, lebten in Kommunen, frönten der Polygamie und berauschten sich jeden Dienstag mit Wein, psychoaktiven Pilzen und Schokolade. Mit der Synode in Piacenza vom 1. bis zum 5. März 1095, die sogar Königen ein libertäres Leben verbot, begann der Niedergang der „Lana“, die sich im Jahr 1145 auflöste, das Dorf bekam den Namen Lana und hielt sich fortan an die Regeln.

Lana ist heute dafür berühmt, dass es verbindet, vielleicht auch bald Sie und uns.

Lajen

Die Lajener oder Lajner waren die Schildbürger Südtirols. Als es im siebten Jahrhundert darum ging, das Dorf aufzubauen, bauten sie als Erstes auf einem Hügel, der nach Süden als auch nach Westen steil abfiel, eine Kirche. Ein Teil des Dorfes wurde auch etwa zwanzig, dreißig Meter darunter, südlich unterhalb des Hügels angelegt, was die oftmals täglichen Besuche der Kirche von diesem Ortsteil aus stark erschwerte, besonders im Winter und bei Glatteis, viele Leute starben beim Auf- oder Abstieg zur oder von der Kirche. Schuld an dem Schlamassel war Werner von der Vogelweide, damaliger Bürgermeister, ein höchst inkompetenter Mann, der, damit dies nicht

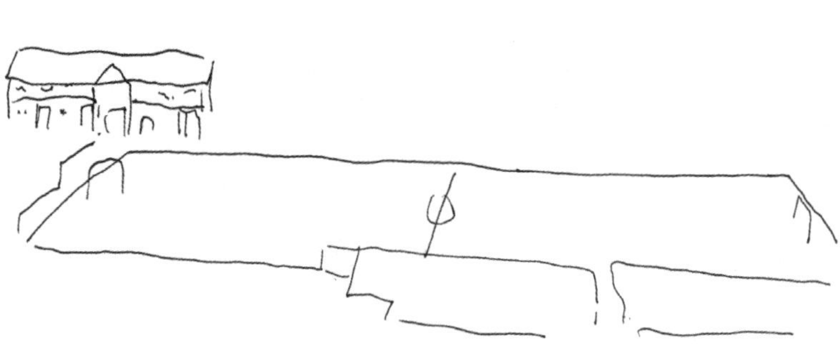

Lajen, Fußballplatz

auffiele, sich mit noch inkompetenteren Beratern umgab, mit dem Gegenteil von Experten, auch Laien oder in alter Schreibweise Lajen genannt, und diesen Namen gaben die Waidbrucker den Lajenern und dem Dorf Lajen, nachdem sie von den erschreckend hohen Zahlen von tödlichen Unfällen am Kirchweg gehört hatten und sich darüber köstlich amüsierten. Übrigens wurde auch die neue Pfarrkirche von Lajen im neunzehnten Jahrhundert auf ebendiesem Hügel gebaut.

Lajen ist heute bekannt für wenige Häuser, und Urlaub in Lajen bedeutet Ausstieg auf Zeit.

Laas, Rathaus

Laas

Die Gemeinde Laas besteht aus fünf Fraktionen und besitzt insgesamt fünfzehn Kirchen, davon stehen fünf im Hauptort Laas, drei in Allitz, jeweils zwei in Tanas und Eyrs und jeweils eine in Parnetz, Tarnell und Tschengls. Laase gibt es drei weitere in Frankreich – eines davon mit Gravis auf dem zweiten „a" –, außerdem noch ein Láz in Tschechien. Die Ausbreitung der Laase schreitet seit tausenden von Jahren voran und ist auch wissenschaftlich gesichert. Manche glauben, die Laaser strebten die Weltherrschaft an, beweisbar ist das jedoch nicht. Die hohe Dichte an Kirchen im Südtiroler Laaser Gemeindegebiet weist aber schon sehr darauf hin und ist nicht zu leugnen.

Laas hat außer Marmor und anderen Dingen heute noch viel mehr zu bieten, bis hin zu Sehenswürdigkeiten, sowie die allseits beliebten Vinschger Marillen.

Kurtinig an der Weinstraße

Kurtinig besteht aus Kurtinig und nicht mehr, besitzt also keine weiteren Fraktionen, gemeindemäßig gesehen, das ist etwas südtirolweit Besonderes. Der Name des Dorfes geht auf eine hölzerne Sitzbank zurück, die die Aufschrift, eigentlich eine Einritzung, „Kurt inig“ aufwies, ursprünglich mit ziemlich hoher, äußerst hoher Wahrscheinlichkeit ergänzt mit einem weiteren Vorna-

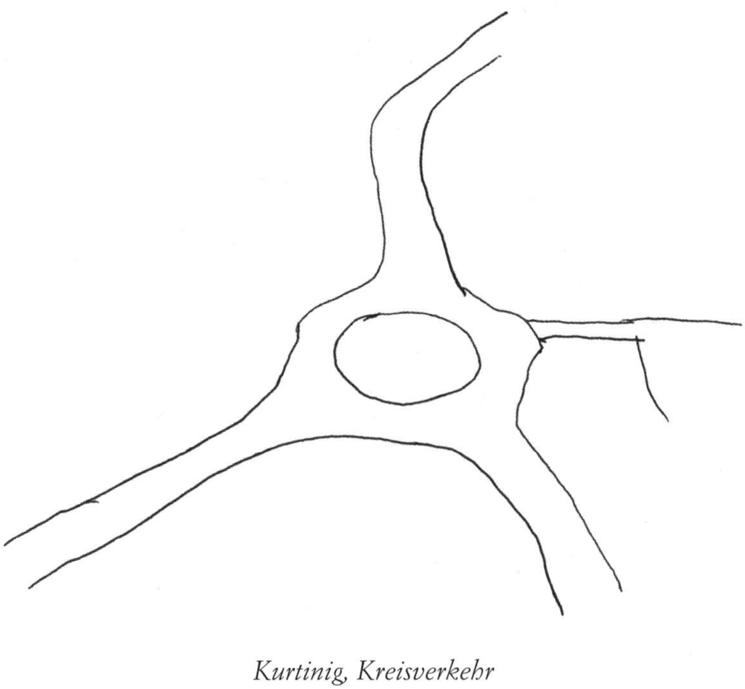

Kurtinig, Kreisverkehr

men, eventuell einem weiblichen. Mit „inig“ hatte der vermeintliche Aufschrifter bzw. Ritzer Kurt wahrscheinlichst „innig“ gemeint, die Südtiroler Rechtschreibung war früher etwas freier als heute. Kurtinig wurde 1276 das erste Mal offiziell erwähnt, die Bank samt besagtem Kurt muss also schon davor existiert haben, seit 1971 liegt das Dorf und mit ihm die Gemeinde an der Weinstraße, die es also seit mindestens diesem Jahr gibt.

Heute wird Kurtinig als das Dorf der Hausreben bezeichnet, die sich an vielen Fassaden emporranken, und die beeindruckende Vielfalt an Natur und Brauchtum lässt die Herzen der Kultur- und Wanderfreunde gleichermaßen höher schlagen.

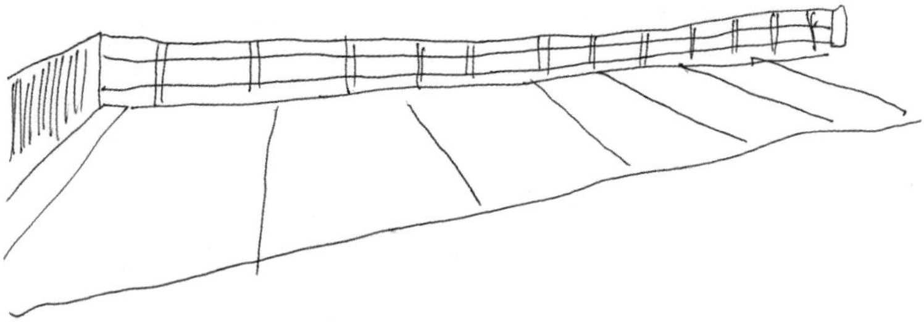

Kurtatsch, Parkplatz

Kurtatsch an der Weinstraße

Kurtatsch, ursprünglich Kurtatsch ohne „an der Weinstraße" – das weltweit einzige Kurtatsch, weshalb es eigentlich nicht nötig wäre, „an der Weinstraße" dazu zu schreiben oder zu sagen –, ist ob seiner extrem südwestlichen Lage schon fast nicht mehr Südtirol. Es wurde schon in der Steinzeit gegründet, und zwar von einem Deutschen, genauer gesagt einem Rheinländer, noch genauer gesagt kam er aus der Stadt Stolberg, und am genauesten gesagt aus dem Stadtteil Atsch. Sein Vorname war Kurt und sein ganzer Name war Kurt Atsch.

Kurtatsch an der Weinstraße thront heute auf einem Sonnenbalkon über dem Etschtal.

Kuens, Feuerwehr

Kuens

Kuens ist die kleinste Gemeinde Südtirols und besitzt kein Rathaus. Kühn. Die Kühnen gründeten im Jahr 612 Kuens, auch kühn. Die „Kühns“, altdeutsch für „die Kühnen“ wohnten also dort. Daher der Name. Warum heute Kuens statt mit „ü“ mit „u“ und „e“ und ohne „h“ geschrieben wird, ist nicht erforscht, auch nicht, warum das „u“ und das „e“ nicht als „ü“ ausgesprochen werden.

In Kuens solltest du zu guter Letzt im Traktor-Museum am Ungericht Hof vorbeischauen, wo dreißig Porsche-Diesel-Traktoren verschiedenster Baujahre ausgestellt sind. Auch deine Kinder werden Gefallen an den vierrädrigen Maschinen finden.

Klausen

Im Jahr 1494 reiste ein deutscher Zeichner und Maler namens Albrecht nach Süden in Richtung Italien und das Meer. Damals reiste man noch mit Kutschen, zu Pferde oder zu Fuß. Als er wieder einmal noch nicht angekommen war und es schon dunkelte, machte er eine Pause im Eisacktal südlich von Brixen, genau dort, wo heute Klausen ist, bei Säben, das es damals schon gab. Zum Abendessen trank er viel Wein. Als er dann betrunken genug war, zeichnete er die Gegend um sich herum ab und erdachte und zeichnete ein Städtchen hinein. Nach dieser Zeichnung, die ihm später um 1501 als Vorlage für den

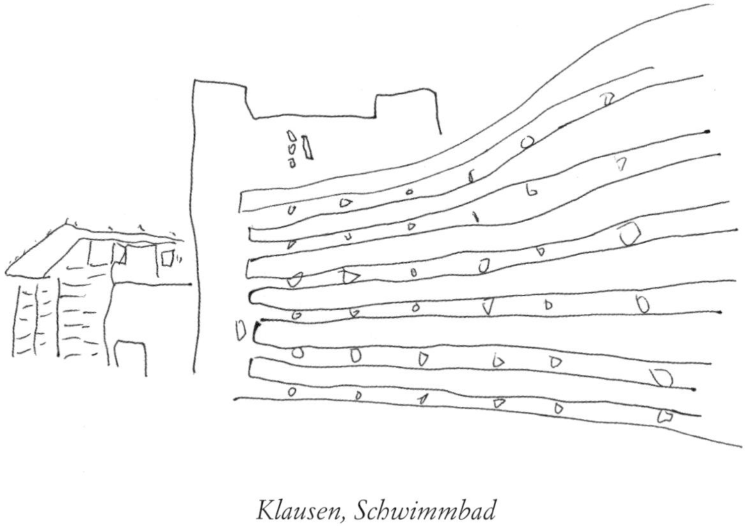

Klausen, Schwimmbad

Hintergrund in seinem Kupferstich „Nemesis oder Das große Glück“ diente und mithalf, den Zeichner berühmt zu machen – nachdem jedenfalls die Mönche auf Säben davon gehört hatten, bauten sie dieses von Albrecht gezeichnete, aber nur erdachte Städtchen nach der Zeichnung nach, in der Hoffnung, es ergäbe sich deshalb Fremdenverkehr von Nürnberg nach dort, worin sie sich täuschten, und gaben ihm den Namen Klausen, weil besagter Albrecht einen Sohn namens Klaus hatte und die Stadt, die es nicht gab, die er aber gezeichnet hatte, nach diesem benannt hatte.

Heute hat die Genussregion Klausen, wenn es um Urlaub im Eisacktal geht, immer Saison.

Kiens, Grundschule

Kiens

Kiens wird das erste Mal im Traditionsbuch des Hochstifts Freising in einer Aufzeichnung von 1005 bis 1039 als „locus Kiehna“ genannt. Das ist der erste Hinweis. Der zweite ist folgender: Um 1155 gab der Bischof Hartmann von Brixen die Pfarre Chiens (parrochialem ecclesiam Chiens cum terminis suis et omni iure ecclesiastico celle, quę dicitur ad sanctę Marię gratias) dem Stift Neustift. Man kombiniere „Lokus“, auch bekannt als stilles Örtchen, WC, Toilette, Klo, und „Chiens“, was auf Französisch „Hunde“ bedeutet, und in Summe ergibt das „Hundeklo“, wahrscheinlich ein Hundepark. Kiens war ursprünglich also so etwas und wohl für Hunde, die im Stift Neustift wohnten.

In Kiens malen heute die Ruhe und die Sonne, die der Seele guttun, den Besuchern des Dorfes ein besonnenes Lächeln ins Gesicht.

Kastelruth

Die Kastelruther waren früher, vor vielen hundert Jahren, sehr, sehr, sehr arm. Sie hatten keine Hotels, keine Feuerwehr, keine Burg, keinen Kirchturm und sogar kein Geld. Aber die Kastelruther waren erfinderisch und das nicht wenig. Heimlich, damit ihnen niemand auf die Schliche kam, meist bei Nacht, bauten sie auf einem nördlich des Dorfes gelegenen Hügel eine nigelnagelneue Burgruine und behaupteten fortan, dort hätte einmal eine Burg gestanden, heute eben nur mehr Ruine. Sie hätten also,

Kastelruth, Kreisverkehr

wenn schon keine blendende Gegenwart, so doch eine glorreiche Vergangenheit. Und die Kastelruther kamen damit durch. Seit dem fernen Jahr 982 heißt Kastelruth offiziell Kastelruth, also „kaputte Burg“, von lateinisch „Castellum ruptum“.

Kastelruth ist heute der größte Ferienort in der Dolomitenregion Seiser Alm und begeistert durch bemalte Häuser im historischen Ortskern, der zum Flanieren und Shoppen lockt.

Kastelbell-Tschars

Ursprünglich wurde das Gebiet der heutigen Gemeinde von Kastelbell-Tschars im vierzehnten Jahrhundert von Niederländern besiedelt, die damals noch ohne Vokale sprachen. So waren die originären Namen der Fraktionen der Gemeinde Kastelbell, Tschars, Freiberg, Galsaun, Juval, Latschinig, Marein, Trumsberg und Tomberg „Kstlbll", „Tschrs", „Frbrg", „Glsn", „Jvl", „Ltschng", „Mrn", „Trmsbrg" und „Tmbrg". Im Jahr 1409 schrieb das Amt für deutsche Kultur Südtirol einen Wettbewerb für Schriftsteller:innen aus, Vorschläge zu unterbreiten,

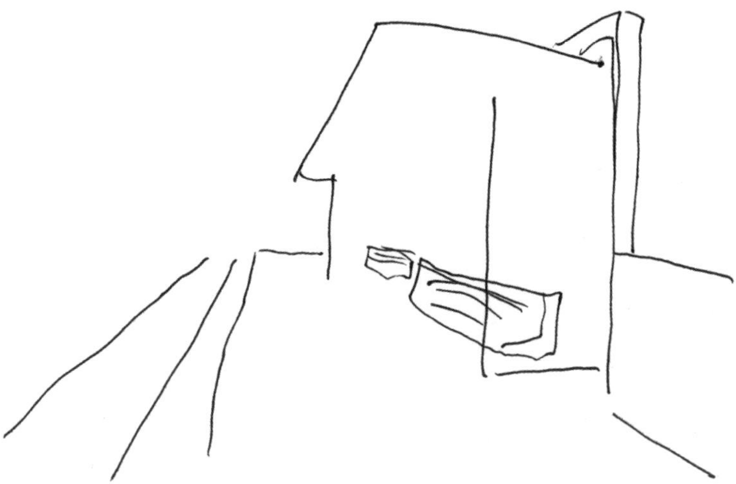

Kastelbell, Bahnhof

wie Kstlbll-Tschrs und alle anderen Orte der Gemeinde mit Vokalen versehen werden könnten, sodass es nach etwas klänge. Den Wettbewerb gewann ein gewisser Oswald von W., der somit als Gründer oder zumindest als teilweiser Namensgeber geführt wird, der Vokale wegen eben. Kastelbell wurde später per Losentscheid zum Hauptort gewählt.

Kastelbell-Tschars ist heute berühmt, weil Schloss Kastelbell und Schloss Juval den unteren Vinschgau dominieren.

Karneid

Die Gemeinde Karneid befindet sich kurz nördlich von Bozen, in ihr sammeln sich unter anderem die Dörfer Karneid, Kardaun, Blumau, Breien, Steinegg und Gummer, in Kardaun befindet sich der Sitz der Gemeinde. Nach der Gründung von Karneid im Jahr 1321 durch einen nicht näher bekannten Santifaller kam es im Jahr 1372 zu einem Streit zwischen den Herren von Völs, die auf der Burg Karneid bei Kardaun saßen und regierten, und der Bevölkerung von Kardaun, da die Völser Kardaun in „Karneid" umbenennen wollten, was, da die Burg auch Karneid hieß, eventuell auch hätte Sinn ma-

Karneid, Vereinshaus

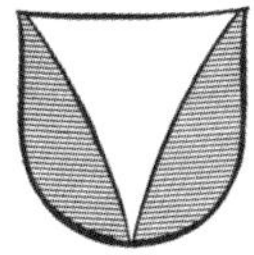

chen können. Das später erst weiter oben gebaute Dorf Karneid gab es noch nicht. Die Kardauner aber – fünf an der Zahl, der Santifaller Luis, der Wegmacher Karl, der Schneider Sepp, der Kornprobst Adolf und der Kostner Julius – wehrten sich mit Händen und Füßen und Schwertern und Lanzen, und die Völser mussten aufgeben, Kardaun hieß weiterhin Kardaun, und die Herren von Völs waren so sehr beleidigt, dass sie 1387 die Burg an die Liechtensteiner verkauften, die gar nicht erst versuchten, Kardaun in Liechtenstein umzubenennen, da ihnen diese Geschichte erzählt worden war, die unter Umständen auch der Wahrheit entspricht.

Karneid wird heute dafür geschätzt, dass du zu Fuß sogar Obergummer erreichen kannst.

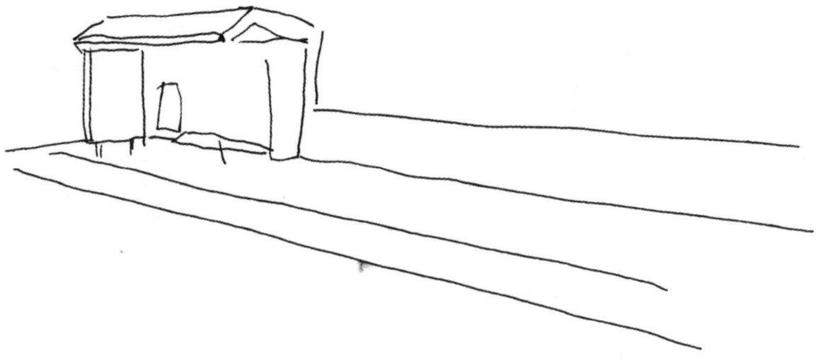

Kaltern, Bushaltestelle

Kaltern an der Weinstraße

Kaltern wurde in der Karwoche um 300 vor Null von Kelten aus Keltern gegründet, lange vor der Weinstraße. Keltern ist eine Gemeinde im Enzkreis in Baden-Württemberg in Deutschland. Keltern kommt von „Kelte“, was eine Presse zur Gewinnung von Frucht- oder Obstsäften ist, auch als Vorstufen von Wein und vergorenem Most. Die Karwoche ist vor Ostern. Es kann auch sein, dass Keltern von Kelten aus Kaltern in der Karwoche um 300 vor Null gegründet worden ist. Oder Kaltern und Keltern wurden beide von Kültern aus Külte in Nordhessen, das ist auch in Deutschland, in der Karwoche um 300 vor Null gegründet, oder umgekehrt.

In Kaltern birgt heute jede Jahreszeit ein kleines Highlight in sich, der Kalterer See glitzert verführerisch in der Morgensonne, während sich an seinen Ufern die Weintrauben in der Sonne räkeln.

Jenesien, Seilbahn

Jenesien

Der Schauspieler Genesius von Rom, der spätere Heilige, gründete Jenesien im Jahr 305, als er dort oben, oberhalb von Bozen, wie so oft während eines Auftrittes für den römischen Kaiser Diokletian, der sich gerade samt Hofstaat auf Sommerfrische in der Gegend des heutigen Jenesien aufhielt, die neu aufgekommene Bewegung der Christen verspottete. Als ihm aber während der inszenierten Taufe anscheinend Jesus erschien, wurde ihm ernst und die Taufe echt. Alsdann hielt er dem Kaiser und dem Publikum eine Bekehrungspredigt, woraufhin er enthauptet wurde. Dort, wo dies geschah, befindet sich heute Jenesien, benannt nach besagtem Schauspieler, dem späteren heiligen Genesius von Rom.

Jenesien ist heute ein wahres Reiterparadies in Südtirol und die Heimat der Haflinger Pferde samt dreihundert Sonnentagen, vierhundert Haflinger Pferden und fünf Ferienorten.

Innichen, Carabinieristation

Innichen

Innichen wurde im ersten Jahrhundert nach Null von Anhängern beziehungsweise Anhängerinnen des Kybele-Kults gegründet. Dieser Kult bestand unter anderem darin, dass sich seine männlichen Anhänger das Geschlecht abschnitten und es in die Menge warfen, sich also kastrierten und somit Eunuchen genannt wurden. Weiters trugen sie fortan Frauenkleider. Ob sie sich auch als Frauen fühlten, ist nicht überliefert. „Eunuchen" ist die ursprüngliche Bezeichnung von Innichen.

Innichen besitzt heute einen Erlebnisberg namens Haunold und aussichtsreiche Skipisten.

Hafling

Am 3. November 1111 wurde Peter Steiner aus Meran zu drei Jahren Haft verurteilt. Da das Gefängnis in Meran und auch das in Bozen und auch das in Glurns und die in Brixen, Sterzing, Bruneck voll ausgelastet waren, stellte sich die Frage, wohin mit dem Mann. Der Bürgermeister von Meran hatte die zündende Idee. Der Steiner war nicht weiter gefährlich, er hatte nur seine Steuern nicht rechtzeitig bezahlt, er war Bauer und ledig. Der Bürgermeister schlug also vor, ihn zusammen mit zwei Kühen dorthin zu verbannen, wo heute Hafling ist, Hafling Dorf,

Hafling (Dorf), Bibliothek

um genau zu sein, mit der Auflage, nicht auszubüxen und sich nach den Jahren seiner Strafe wieder zurückzumelden. Gesagt, getan. Als der Peter Steiner am 4. November 1114 im Meraner Rathaus vorstellig wurde, die mittlerweile fünf Kühe, vier Kälber und zwei Stiere am Platz davor festgemacht hatte, wurde er alsdann gelobt und war wieder frei. Die Tiere durfte er behalten, und da es ihm dort am Tschögglberg ausgesprochen gut gefallen hatte und dort auch seine Hütte stand, zog er wieder hinauf, dieses Mal als freier Mann. Seine Geschichte wurde noch lange in Meran und Umgebung erzählt, und der Ort, wo der Peter Steiner gelebt hatte, wurde „Häftling“ genannt, woraus später „Hafling“ geworden ist und dann auch Hafling Dorf.

Hafling als auch Vöran und Meran 2000 sind heute Südtirols sonniges Hochplateau mit Panoramablick auf Meran. Hafling ist bekannt als Namensgeber der berühmten Haflinger Pferde und ein Wander- und Freizeitparadies.

Gsies

Es gibt heute das Gsieser Tal, den Gsieser Bach und die Gemeinde Gsies. Die Fraktionen der Gemeinde Gsies sind Außerpichl, Innerpichl, Oberplanken, St. Magdalena-Niedertal, St. Magdalena-Obertal, St. Martin-Niedertal, St. Martin-Obertal, Letztere zwei ergeben zusammen den Hauptort St. Martin, und Unterplanken. Natürlich hat es auch einmal Gsies als eigenständigen Ort gegeben, und zwar von 1135 bis 1177, und zwar auf 2205 Höhenmetern, dort, wo man ins Defreggental nach Ost-

St. Magdalena (Gsies), Vereinshaus

tirol gehen kann, heute Gsieser Törl genannt. Die Menschen hatten sich der Aussicht wegen für diesen Standort entschieden und sie nannten ihr Dorf „Gesieht“, altdeutsch für „gesehen“, alsdann verkürzt „Gsies“. Die Aussicht war wirklich wunderbar dort oben, aber hart war die Zeit gewesen, die sie dort verbrachten, lausig kalte Winter, nicht einmal Kartoffeln wollten wachsen, und nach zweiundvierzig Jahren sahen die Gesiehter ein, dass die widrigen Umstände und Gegebenheiten dort oben, so schön es auch sein mochte, ein Leben und Überleben kaum ermöglichten. Das Gsieser Törl erinnert noch heute mit seinem Namen an die damals begangene Torheit.

Das Gsieser Tal ist eines der sonnigen Seitentäler des Pustertales, eine gut ausgebaute Straße führt durch das zwanzig Kilometer lange Tal. Was das Gsieser Tal heute außerdem besonders macht, ist die einzigartige Landschaft.

Graun im Vinschgau

Graun ist das einzige geteilte Dorf in Südtirol. Ein Teil des Dorfes befindet sich im Südtiroler Unterland nördlich von Kurtatsch südlich von Bozen, der zweite Teil im äußersten Nordwesten Südtirols, im oberen Vinschgau. Die zwei Grauns sind circa hundertzwanzig Straßenkilometer voneinander entfernt. Das alte Graun im Vinschgau, das ursprüngliche und ungeteilte, dessen Name seit dem Jahr 666 geläufig ist, ist heute teilweise unter dem Reschensee begraben. Das ursprüngliche Graun war eben jenes, benannt nach dem Grauen, das einen überkam, wenn man

Graun im Vinschgau, Grundschule

an die kalten Winter in diesem Gebiet am Alpenhauptkamm auf 1500 Höhenmetern dachte. Als zusätzlich noch die kleine Eiszeit anbrach und ab dem Jahr 1275 kältere Sommer als bis dahin brachte, reichte es manchen Bewohnern Grauns, das Grauen wurde ihnen zu viel, könnte man sagen, und sie zogen gen Süden. Angeführt von den Rittern Spechtenhauser und Stecher gründeten sie eine Grauner Kolonie im Südtiroler Unterland. Aus administrativen Gründen wurde im vierzehnten Jahrhundert dieses Unterlandgraun von der Muttergemeinde politisch getrennt und der Gemeinde Kurtatsch einverleibt. Warum dieses Neuere Graun „Graun“ genannt wurde, das ursprüngliche hingegen aus Abgrenzungsüberlegungen „Graun im Vinschgau“, entzieht sich unserer Kenntnis.

Die Gemeinde Graun mit ca. 2430 Einwohnern liegt heute am Dreiländereck Italien-Österreich-Schweiz und ist bekannt für seinen romanischen Kirchturm, der aus dem Reschensee herausragt und jeden, der vorbeifährt, neugierig auf seine Geschichte macht.

Glurns

Bis ins neunzehnte Jahrhundert war Glurns für die nur in seiner unmittelbaren Nähe am unteren Ende der Malser Heide wachsenden Blumen namens Glurnen bekannt. Eine überwinternd grüne, ausdauernde krautige Pflanze, die Wuchshöhen von fünf bis über zwanzig Zentimeter erreicht. Die oberirdischen Pflanzenteile waren wollig-weißfilzig, wobei die schmal lanzettlichen, etwa fünf Zentimeter langen Laubblätter besonders an der Unterseite stark behaart waren. Die Laubblätter standen in einer grundständigen Rosette zusammen. Die Blütezeit reichte

Glurns, Stadttor

von Juli bis September. Fünf bis fünfzehn weiß glänzende Hochblätter formten einen mehrzackigen Stern und umgaben den eigentlichen Blütenstand. Die zwei bis zwölf gleichartigen körbchenförmigen Teilblütenstände enthielten jeweils sechzig bis achtzig weißgelbe Röhrenblüten. Die sehr schmalen Röhrenblüten am Rand waren weiblich, sie wurden auch Fadenblüten genannt. Weiter einwärts standen größere männliche Röhrenblüten. Da der funktionslose Griffel noch vorhanden war, konnten die Blüten zwittrig erscheinen und es wurden Achänen gebildet. Die Chromosomenzahl betrugt $2n = 48$ oder 52. Glurns wurde also nach den dort und nur dort vorkommenden Blumen benannt. Am 16. Juni 1855 verwüstete eine Überschwemmung die Stadt und seine Umgebung, seitdem wurde nie wieder eine Glurne gesichtet.

Das mittelalterliche Glurns im Obervinschgau im Süden des mystischen Tartscher Bühels verzaubert alle Besucher und ist mit seinen neunhundert Einwohnern heute als eine der kleinsten Städte weltweit bekannt.

Gargazon, Recyclinghof

Gargazon

Gargazon ist das älteste Dorf Südtirols, zumindest aus etymologischer Sicht. Der Name bezieht sich auf Gargamel, eine historische Figur, die im Burggrafenamt vor circa dreitausend Jahren lebte. Der Mann war ein Zauberer, garstig, eventuell ein Römer, und hatte eine Katze namens Azrael, was so viel bedeutet wie „Engel des Todes". Gargamel war der erste Mensch in Südtirol, das damals noch ausschließlich von kleinen, blauen Wesen besiedelt war. Diese urigen Waldbewohner gaben dem Ort, wo Gargamel mit seiner Katze in einem Haus am Aschler Bach lebte, den Namen „Gargamelzone", die Zone des Gargamel, was sich später zu „Gargazon" verkürzen sollte. Wann, warum und wie die Kultur der kleinen Blauen unterging, ist nicht gesichert. Übrig blieben auf jeden Fall die Menschen, wobei niemand sagen kann, ob sie alle Nachkommen von Gargamel von Gargazon sind oder nicht.

Gargazon ist heute ein Wellnessdorf im Zeichen der Natur. Es besitzt das erste Naturbad in der westlichen Hälfte des Landes sowie einen der größten Spielplätze.

Gais

Gais wurde im Jahr 817 von Villnössern gegründet. Es hatte sich nämlich begeben, dass zwischen den Villnössern in Villnöss ein erbitterter Streit ausgebrochen war um den Namen ihres Hausberges. Das Dorf war gespalten in jene, die für „Geisler Spitzen“ waren, und jene, die für ein kurz und bündiges „Geis“ waren, Singular. Sollte das Hauptaugenmerk auf die mehreren Spitzen oder auf den einen Berg gelegt werden, man wurde sich nicht einig. So wurde auf Vorschlag des Bürgermeisters Hans IV. am 8. Juni 817 eine Volksbefragung durchgeführt, sehr zum Verdruss jener, die für „Geis“ waren, denn sie wussten sich in der Minder-

Gais, Feuerwehr

heit. Die Abstimmung ging wie erwartet aus und die Geis-anhänger besetzten aus Protest gegen das Ergebnis die Schwimmbadbar. Das konnten ihnen der Bürgermeister und auch die Polizei nicht durchgehen lassen, die Bar wurde geräumt und die Besetzer, die Geiser genannt wurden, aus dem Dorf verbannt. Auf der Suche nach einer neuen Bleibe wurden die Verbannten noch im selben Sommer nördlich von Bruneck fündig, bauten dort ein neues Dorf und nannten es Geis, später in „Gais“ umbenannt. Im Nordosten davon befinden sich heute die Gaiser Gipfel. Den „Geis“ oder „Gais“ gibt es nach wie vor nicht.

Am Eingang zum Tauferer Ahrntal, inmitten der Urlaubsregion Kronplatz im östlichen Südtirol, befindet sich heute das Feriendorf Gais, die Urlaubsgemeinde zählt rund 3300 Einwohner in einmaliger Lage.

Freienfeld

„Freienfeld“ kommt von „Freudenfeld“, und das war so. Mit Dekret vom 27. Mai 1278 beschloss die Südtiroler Landesregierung die Einrichtung einer rechtsfreien Zone im Land. Sie kam dabei einer jahrelangen Forderung der Gewerkschaft der Kutscher und Ledigen nach. Die Kirche hatte sich lange gegen diese Einrichtung gesträubt, denn in ihr sollten auch die kirchlichen Gesetze, Gebote genannt, nicht gelten. Nach langem Suchen nach dem besten Standort entschied sich die Landesregierung für ein Feld im Eisacktal zwischen Sterzing und Brixen, aber näher bei Ster-

Freienfeld, Rathaus

zing. Der rechtsfreie Raum Freudenfeld hatte bis zum 24.12.1284 Bestand, als es Papst Martin IV., eigentlich Martin II., logisch erschien, auf der einen Seite Bettelorden anzuerkennen und zeitgleich rechtsfreie Zonen zu verbieten. Der Name Freudenfeld hielt sich trotzdem bis heute, wenn auch inkognito unter Freienfeld.

Freienfeld liegt nur wenige Kilometer südlich der Alpinstadt Sterzing und ist heute bekannt für seine drei charmanten Hauptdörfer Maria Trens, Stilfes und Mauls.

Franzensfeste

Bevor es Franzensfeste gab, gab es dort, wo Franzensfeste heute ist, auch schon eine Siedlung, Römisches wurde beispielsweise gefunden, sehr wahrscheinlich hat immer wieder jemand namens Franz oder eben Franziskus in Franzensfeste gewohnt, bevor es Franzensfeste wurde, aber für eine Namensgebung hat es nie gereicht. Die Franzensfeste, ein großes, steinernes Haus zum Kriegmachen, wurde von Franz, einem österreichischen Kaiser, ersonnen und dann von einem Kaiser namens Ferdinand gebaut und bezahlt, bzw. natürlich nicht von ihm persönlich, sondern mit den Steuern, unter anderem vielleicht von einem Franz aus Franzensfeste, das noch nicht Franzensfeste hieß, und oder einem Ferdinand. Zuallererst

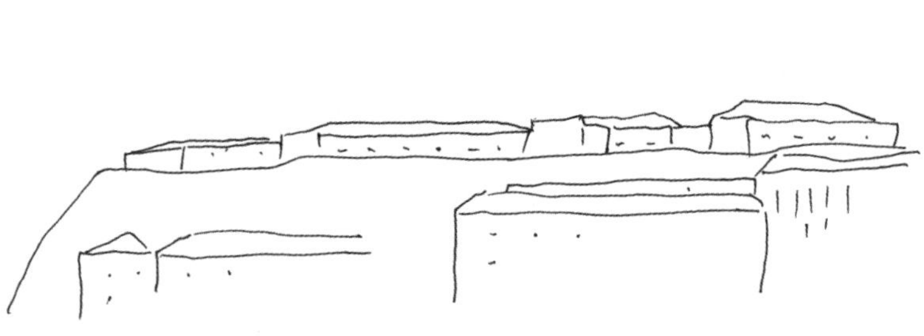

Franzensfeste, Franzensfeste

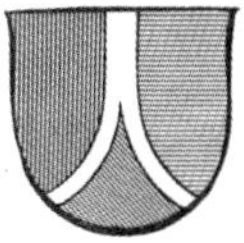

war Franzensfeste die Festung Franzensfeste und späterhin das Dorf um die Franzensfeste, das dann auch Franzensfeste genannt wurde, weil in der Nähe der Franzensfeste. Die Franzensfeste und das Dorf Franzensfeste hätten auch Ferdinandsfeste heißen können, aber sie heißen Franzensfeste, was unter Umständen geschmeidiger ist. Franzensfeste ist nicht einmal zweihundert Jahre alt, als solches.

Franzensfeste und Mittewald liegen an der alten Brennerstraße. Diese war immer schon Durchzugsweg für Kaiser und Könige: Wenn sie im Mittelalter nach Rom zur Krönung ritten, wenn Soldaten und Heere von Norden nach Süden zogen, mussten sie über den Brenner und deshalb durch Franzensfeste und Mittewald. Heute sind Franzensfeste und Mittewald bekannt für doppelte Reiselust.

Feldthurns

Von 817 bis 866 lebte auf dem Gebiet des heutigen Feldthurns eine Frau namens Urnsula, in der Kurzform Urns. Zu ihrem besonderen Namen war sie durch einen betrunkenen Standesbeamten gekommen, der sich, als ihre Eltern die Geburt ihres Kindes samt dem angedachten Namen „Ursula" eintragen lassen wollten, verschrieb und statt „Ursula" eben „Urnsula" geschrieben hat. Urnsula war eine Heilige und sie konnte in die Zukunft schauen. Den Leuten war das aber nicht geheuer, und so hatte sie es sehr schwer, war nie verheiratet und

Feldthurns, Rathaus

lebte allein, und zwar auf einem weiten Feld an den westlichen Hängen des Eisacktals südlich von Brixen. Dort pflanzte die Urns im Laufe trotz ihres gar nicht so langen Lebens insgesamt 3336 Kastanienbäume, die heute die Attraktion von Feldthurns darstellen. Denn wie gesagt, Urnsula konnte in die Zukunft sehen und also den Tourismus kommen sehen, zwar erst über tausend Jahre später, und ihr zur Ehr wurde alsdann das Dorf Feldthurns genannt – das „Feld der Urns", mit freizügiger Rechtschreibung.

Feldthurns steht heute für sonnige Aussichten auf genüssliche Tage und ist das Kastaniendorf Südtirols.

Eppan an der Weinstraße

Bis 1971 hieß Eppan Eppan, seit damals mit dem Zusatz „an der Weinstraße", wohl aus Marketinggründen. Marketinggründe waren auch bei der Entstehung des Dorfes oder vielmehr der Gemeinde maßgeblich, Eppan bezeichnet nämlich mehr das Gemeindegebiet denn einen Ort. Am ehesten wird der Hauptort St. Michael mit Eppan gleichgesetzt, aber er ist doch mehr St. Michael als Eppan. Im Jahr 519 führte Eppan als erste Gemeinde Südtirols in Restaurants verpflichtend den Brotkorb ein, angelehnt an die römisch-italienische Tradition, immer einen Brotkorb auf den Esstisch zu stellen. Eine weitere Disposition war dabei, dass dem Gast das konsumierte

St. Michael, Kreisverkehr

Gebäck nicht in Rechnung gestellt werden durfte – dies im Unterschied zu beispielsweise Österreich, wo das Brot durchwegs sehr wohl in Rechnung gestellt wurde und wird, wenn es überhaupt auf den Tisch kommt. Nur nebenbei erwähnt sei der Vollständigkeit halber, dass die Eppaner, um die Kosten für das Brot hereinzubekommen, dafür dann eben das Kopert, das Decken des Tisches, berechneten. Wie dem auch sei, „Brot" ist auf Lateinisch „panem" und „und" „et". Zusammen ergibt das „Etpanem", und im Laufe der Zeit verkürzte sich der Name wie fast überall von der Umschreibung ins Abstrakte zu „Eppan".

Eppan an der Südtiroler Weinstraße ist heute eine Gegend zum Verlieben.

Enneberg

Es saßen die Hennen auf der Wiese und hatten nichts zu tun. Der Hahn schlief noch. Sie berieten sich und beschlossen, eine Wanderung auf einen Berg zu unternehmen, wie sie es bei den Menschen gesehen hatten. Nun, wie man sich leicht denken kann, war es den Hennen dann doch bald einmal zu viel, sie waren nicht weit gekommen, genau gesagt bis dort, wo heute der Hauptort St. Vigil liegt, und hatten schon keine Lust mehr. Sie waren es nicht gewohnt, so weit zu gehen. Da sie aber schon einmal losgegangen waren und sich nebenbei auch vom unguten Hahn befreit hatten, beschlossen sie, nicht mehr zurückzukeh-

St. Vigil, Feuerwehr

ren. Auch wollten sie nicht alle zusammenbleiben, damit jede für sich neue Abenteuer erleben konnte. Also verabschiedeten sie sich freundlich gackernd voneinander und verteilten sich in alle Himmelsrichtungen auf dem Gebiet, das dann Hennenberg genannt wurde, nach den Hennen, die auf den Berg hatten wandern wollen, es aber nur ein Stück weit geschafft hatten, heute Enneberg.

Enneberg gehört heute zu Dolomites San Vigilio Kronplatz Südtirol, San Vigilio und San Martin liegen wie Juwelen im Herzen der Dolomiten.

Deutschnofen

Die Menschen von Deutschnofen dort oben am Regglberg waren vor über tausend Jahren in der ganzen bekannten Welt weltbekannt, denn sie konnten etwas, das sonst niemand konnte. Sie besaßen die Fähigkeit, zugleich zu schniefen und zu schnauben. Bekanntlich hat jeder Mensch nur eine einzige Nase, und es ist schon im Allgemeinen äußerst schwierig, zwei Dinge zur selben Zeit zu verrichten. Das einzigartige Geräusch, das durch gleich-

Deutschnofen, Haus der Vereine

zeitiges Schniefen und Schnauben erzeugt wurde, bekam den Namen „Schnofen“, eine Kombination oder, wenn man so will, eine Verballhornung aus den zwei Tätigkeiten. Das Präfix „Deut“ steht für deutsch, die Deutschnofner schnoften nämlich auf Deutsch. Heute ist das Schnofen in Deutschnofen leider verlernt worden und niemand weiß, wie es geklungen haben mag.

Deutschnofen gehört heute zum Dolomiti Eggental, Südtirols Sonnenseite der Dolomiten mit bergeweise natürlichen, kulturellen und historischen Denkmälern – und sagenhaften Geschichten. Natur von ihrer schönsten Seite. An allen Eggen und Enden.

Corvara

Nachdem im Jahr 713 die Vorläufer der SS 243, auch als Grödnerjochstraße bekannt, und zwei Jahre später die SS (SP) 244, die von St. Lorenzen im Pustertal nach Arabba führt, fertiggestellt und feierlich eingeweiht worden waren, stellte sich die Frage, ob es nicht angebracht sei, dort, wo sich die zwei Straßen trafen oder kreuzten, eventuell ein Dorf zu gründen. Am 18. Juni des Jahres 715 versammelten sich also die Gemeindevertreter von Wolkenstein,

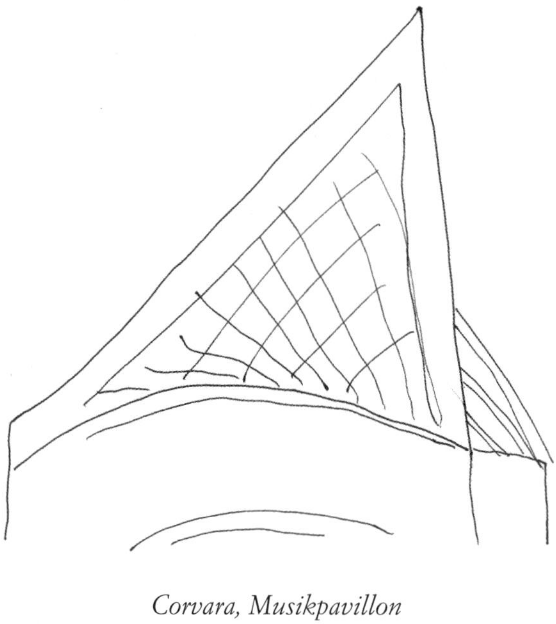

Corvara, Musikpavillon

dem Ausgangspunkt der SS 243, und jene von Arabba, dem Ausgangspunkt der SS 244, an besagter Kreuzung, und es wurde beschlossen, an Ort und Stelle ein Dorf einzurichten. Nach fünf Jahren Bauzeit und mit finanzieller Unterstützung der örtlichen Fürsten, Großfürsten, Grafen und Gräfinnen wurde das Dorf seinen Bewohnern übergeben und auf den Namen Corvara getauft, denn um nach Corvara zu gelangen, ob von Süden oder Westen, waren stets viele Kurven zu bewältigen, und damals war das ladinische Wort für „Kurven" „Corven", „corvara" das Eigenschaftswort „kurvig".

Corvara, die Wiege des Tourismus in Alta Badia, ist heute genau wie Abtei berühmt für weitläufige Schneelandschaften am Fuße majestätischer Felstürme. Ob beim Wandern, Klettern oder Schwimmen, hier fühlt sich jedermann sehr wohl, auch im Sommer, und gehört tourismuspolitisch zu Alta Badia.

Burgstall

Lange, lange, sehr lange Zeit und Jahrhunderte lang hieß das Dorf im Burggrafenamt im Etschtal unterhalb der Burg, die einmal Volkmar von Tirol gehörte, schlicht und einfach Burg. Grund dafür war eben jene Burg. Etwas einfallslos. Die Bürger von Burg waren immer stolz gewesen auf ihre Burg und sie brachte ob ihrer Schönheit auch viel Tourismus und damit Geld und Wohlstand. Nun, wie es sich oft ergibt, kommen mit dem Wohlstand oft Hand in Hand Geiz und Neid und Ähnliches und Verwandtes,

Burgstall, Carabinieristation

niemand wollte sich mehr um die inzwischen leerstehende Burg kümmern, niemand Geld für ihre Instandhaltung spendieren, und die Burg verfiel zusehends. Vom Wahrzeichen des Dorfes war immer weniger zu sehen, bis im Jahr 1210 das Burgenamt in Bozen feststellte, dass die Burg nicht mehr eine Burg, sogar nicht einmal mehr eine Ruine, sondern nur mehr ein Burgstall war. So bezeichnet nämlich die Burgenkunde Burgen, die so gut wie gar nicht mehr existieren. Auf diese Feststellung des Burgenamts hin verfügte die Südtiroler Landesregierung per Dekret im Jahr 1217 die Umbenennung des Ortes Burg in „Burgstall“, da „Burg“ nicht mehr wahrheitsgemäß war, und setzte die Verwendung des alten Namens Burg unter Strafe, die Strafe betrug drei Tage Kerker in Meran.

Das Dorf Burgstall bei Lana, Meran, Südtirol, ist heute als das Paradies für Radfahrer und Wanderer bekannt und als beste Adresse für einen Natururlaub mit der ganzen Familie am Fuße der Tschögglberger Hochebene.

Bruneck

Nachdem die ersten Siedler dem Auwald zugesetzt und ihm Fläche abgetrotzt hatten – dort, wo das Tauferertal von Norden kommt und das Gadertal etwas versetzt von Süden – und ein erstes Dorf in die Landschaft gebaut hatten, es war das achte Jahrhundert, brauchte es logischerweise auch etwas für den Komfort und die Abendgestaltung, der Mensch lebt nicht vom Brot allein. So wurden bald ein Schwimmbad, eine Kegelbahn und ein Tanzlokal in Form eines Schlosses auf dem sogenannten Schlossberg errichtet. Herunten in der – mittlerweile – Stadt machten

Bruneck, Rathaus

Bars, Restaurants und Takeaways auf, und eines der beliebtesten Takeaways war eines namens Bruno's Eck. Viele Tauferer, Gadertaler und sogar Brixner, Osttiroler und Glurnser kamen in die Stadt, um beim Bruno's Eck auf eine Wurst oder einen Kebap zu gehen, später in der Altstadt Bier zu trinken und anschließend auf dem Schloss die Nacht zum Tag zu machen. Der Name „Bruneck" entstand aus der Verkürzung von „Bruno's Eck". Heute existiert dieses famose Takeaway nicht mehr, geblieben sind hingegen die Feierlaune der Brunecker und das Schloss.

Bruneck, die sportlich-alpine Stadt im Pustertal, ist heute das Herz des Pustertals, wo das Tauferer Ahrntal und das Gadertal ins grüne Pustertal münden.

Brixen

Brixen ist ein Altsüdtiroler Kraftausdruck, man könnte auch Fluch- oder Schimpfwort sagen. Eingeführt wurde es von christlichen Mönchen, die auf Neustift wohnten, unweit und nördlich vom heutigen Brixen. Da ihre christliche Einstellung das Fluchen verbot, es aber doch auch bei Mönchen Grund zum Fluchen gab, ließ sich einer der Mönche, Pater Konstantin Franzjoseph Rudi, etwas einfallen. Nach langem Beten, Meditieren und Nachdenken kam er zum Schluss, dass es das Beste und Einfachste sei, ein neues Wort zu erfinden, das von nun an als Schimpfwort benutzt werden könnte, und da es ein neu erfundenes und kein Schimpfwort im engeren Sinne wäre, hätten es die Mönche auch sagen dürfen. Das Wort sollte kurz sein, gut von der Lippe gehen und auch etwas zischen. Nach erneutem und weiterem Beten, Meditieren und Nachdenken hat-

Brixen, Krankenhaus

te er das Wort: „Brixen“. „Brixen, schon wieder Frühmesse, Brixen, schon wieder Haferschleim, Brixen, ist es kalt, Brixen noch einmal“, und er und seine Mitmönche in Neustift benutzten es seither gern und oft. Als dann südlich von Neustift, das noch nicht Neustift hieß, ein Dorf und später eine Stadt entstand, hieß es natürlich unter den Mönchen: „Brixen, jetzt haben wir Nachbarn, Brixen aber auch.“ Den neuen unwissenden Siedlern schwatzten die Mönche den Namen auf und lachten sich ins Fäustchen, als die Stadt noch vor dem Jahr 1000 mit diesem Namen erstmals urkundlich erwähnt wurde. Zum Fluchen war dann auch das Konzil von Brixen im Jahr 1080, bei dem Clemens III. gegen Gregor VII. zum Papst gewählt wurde. Eine mittelgute Idee, wie sich herausstellte, denn Gregor VII. gab nicht auf, und so hatte die Kirche für Jahre zwei Päpste, auch als Schisma bekannt. Brixen machte also seinem Namen von Anfang an Ehre, Brixen, zwei Päpste.

Heute ist Brixen ein ganz besonderes Highlight. Die Brixnerinnen und Brixner freuen sich auf ein Wiedersehen mit Ihnen und können es kaum erwarten, wieder zusammenzusitzen, zu lachen und den Moment zu genießen.

Brenner

Am Brenner, die Kurzform für Brennerpass, einem Hügel zwischen dort, wo die Sill Richtung Inn, und da, wo der Eisack gen Etsch fließen, lebte vor vielen, vielen, vielen Jahren um das Jahr 300 ein Einsiedler in einer Höhle. Dieser war dafür bekannt, anders als die meisten Einsiedler, dass er sehr und gern die Nähe der Menschen suchte, um sie alsdann anzupöbeln. Ein rabiater Mensch, der auch mit Vorliebe zum Wein griff, wenn welcher in Griff-

Gossensaß, Mittelschule

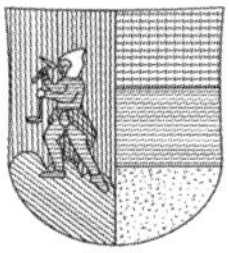

weite war. Es wird erzählt, dass einmal ein reicher Sarner Handeltreibender sich und seinen Pferden am Brenner eine Pause gönnte, er vom Einsiedler aufs Übelste beschimpft worden sei, dass er ihn sogar gegen das Schienbein stieß, und der Handeltreibende Kopf über Fuß die Flucht ergriff und der Einsiedler aus Zorn ein Feuer legte, das vier Wochen wütete und den Wald von Steinach bis Obernberg und von Gossensaß bis Pfitsch in Asche legte. Seitdem nannte man den Einsiedler den „Brenner" und später dann auch jenen Hügel zwischen Südtirol und Nordtirol. Eine Besonderheit von Gossensaß ist auch, dass Gossensaß im selben Wort ein Doppel-S und ein scharfes S besitzt, deren Ursprünge aber nicht geklärt sind, auch nicht, warum es der Hauptort der Gemeinde Brenner ist.

Das Gebiet des Brenner und Gossensaß steht heute für eine Auszeit an der Südseite der Alpen, beispielsweise im Skigebiet Ladurns.

Branzoll

Im fernen Jahr 517 reiste eine Gruppe Ausflügler aus Bran in Siebenbürgen in Rumänien Richtung Adria durch Südtirol. Als sie gut gelaunt durch das obere Unterland spazierten, fiel ihnen linkerhand ein Schwemmkegel auf und sie merkten ihn sich für die Rückreise. Drei Wochen später, nach getanem Urlaub, bestiegen sie jenen Kegel, der nun auf der Rückreise rechterhand gelegen war, und je weiter sie ihn bestiegen, desto besser gefiel er ihnen. Sie beschlossen, nicht mehr zurück nach Rumänien zu gehen

Branzoll, Kulturhaus

und hier ein neues Bran zu gründen. Vormalig Neubran genannt, wurde der Ort später zu Branzoll, nachdem die Neubranener beschlossen hatten, ihre Existenz auf das Erfinden und Eintreiben von Zöllen zu begründen, was ihnen per Landesgesetz im Jahr 612 zugestanden wurde. Im selben Dekret wurde auch der Name Branzoll das erste Mal urkundlich erwähnt.

Branzoll liegt heute in Südtirols Süden, eingebettet in einem Meer von Apfelbäumen mit dreihundert Sonnentagen im Jahr.

Bozen

Bozen ist auf seinen Namen durch eine Abstimmung gekommen, die im Jahr 2 vor Null stattfand und bei der es drei Wahlberechtigte gab, nämlich die drei damals im Gemeindegebiet ansässigen Bauern Siegemund, Kornomann und Lun, welche sich über die zukünftige Entwicklung des Gebietes Gedanken gemacht hatten und zum Schluss gekommen waren, dass es nur zwei Möglichkeiten gab. Entweder man würde groß und stark oder man blieb klein – oder wie es damals hieß: ein Batzen, ein Bot-

Bozen, Theater

zen werden oder ein Nigele oder Nichtele bleiben. Die drei einigten sich darauf, dass das Gebiet, das sie bewohnten, je nach Abstimmungsergebnis in Zukunft dann auch so genannt werden sollte. Auf den Abstimmungszetteln gab es die Wahlmöglichkeiten zwischen Botzen und Nigele, und Siegemund und Lun stimmten für Botzen und nur Kornomann für Nigele. Die Abstimmung war nicht geheim gewesen, dafür aber simultan, und was ausgemacht war, war ausgemacht und der Name wurde Botzen, später Bozen.

Bozen ist heute ein Ort, an dem sich die Traditionen der Vergangenheit mit den Herausforderungen der Zukunft verflechten.

Barbian

Lange Zeit, das ist nicht unbekannt, hatten die Siedlungen bzw. Dörfer keine Namen, so auch Barbian nicht. Trotzdem wohnten dort natürlich Menschen, und Menschen hatten auch früher schon lustige Ideen. So wurden im dreizehnten Jahrhundert landauf, landab regelmäßig Themenfeste gefeiert, zu denen ganze Dörfer pilgerten und die oft mehrere Wochen dauerten. Die Menschen aus dem Dorf, das noch nicht Barbian hieß, hatten sich im Jahr 1277 für ein solches Fest als Barbaren verkleidet, was

Barbian, Rathaus

damals und vielleicht heute noch „Fremde“, „Unbekannte“, „Gefährliche“ bedeutet. Die anderen Teilnehmer des Festes gerieten dabei in große Aufregung, denn sie meinten, es wären wirklich Barbaren im Anmarsch, und sie verdroschen die Barbaren oder Barbianer wie selten jemanden. Erst nach mehreren Stunden konnten die Barbianer das Missverständnis glaubhaft aufklären, aber der Name ist ihnen, unter großem Gelächter, geblieben.

Barbian ist heute das Dorf mit dem schiefen Turm. Barbians südlicher Reiz beginnt mit einem schiefen Kirchturm – der noch schiefer sein soll als der Campanile von Pisa.

Auer

„A.U.E.R.“ stand für „Aktivität Unterhaltung Erbauung Ruhe“ und war ein Kultur- bzw. Freizeitverein, der im Jahr 1001 gegründet worden war. Anlass dafür war der überstandene oder besser gesagt nicht eingetretene Weltuntergang gewesen, der von vielen für das Jahr 1000 erwartet worden war. Das Vereinslokal stand dort, wo sich

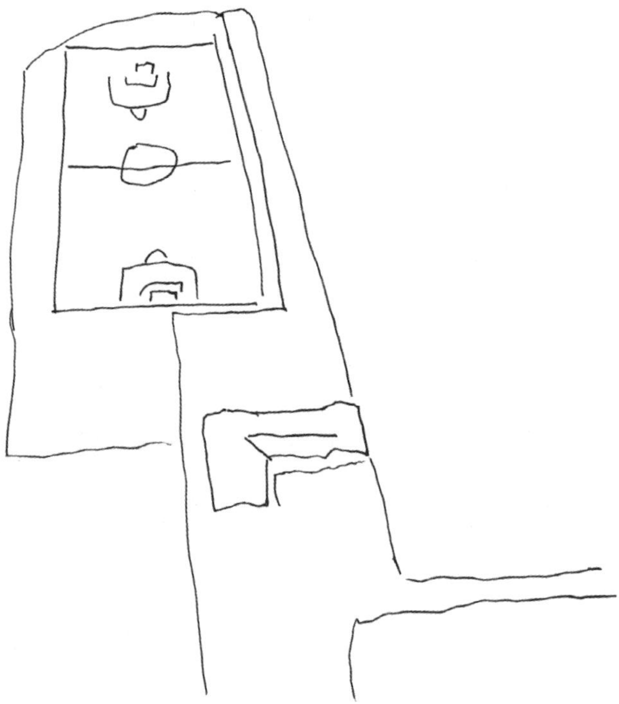

Auer, Fußballplatz

heute die St. Peterskirche gen Himmel wölbt, Reste davon konnten unter der heutigen Kirche nachgewiesen werden. Der Verein verzeichnete regen Zulauf aus der ganzen Region, es wurden Konzerte, Feste, aber auch Meditations- und Yogakurse veranstaltet, Exkursionen sowie philosophische Abende. Rund um das Vereinslokal wurden mit der Zeit mehr und mehr Häuser gebaut, die als Veranstaltungslokale dienten, der Verein expandierte. Das Dorf als solches entstand hingegen erst, nachdem der Verein um das Jahr 1200 aufgelöst wurde, das Vereinslokal und die Veranstaltungslokale brachlagen, von Hausbesetzern übernommen und zu Wohnhäusern umgebaut wurden. Dabei blieb der Name „A.U.E.R.“, heute Auer, erhalten.

Auer gehört zu Auer – Montan – Neumarkt (Castelfeder) und dem Verein Südtiroler Weinstraße an. Es ist ein verträumtes Weindorf, liegt im fruchtbaren Etschtal, leicht erhoben auf 244 Meter. Hier ist das Tal am breitesten.

Andrian

Ein Andrian bezeichnete im Altdeutschen jemanden, der jemandem anderen etwas andrehen will, ein „Adrehian", würde man heute sagen. Andrianer waren um die Jahrtausendwende berüchtigt dafür, von Haus zu Haus zu ziehen und den Menschen ob ihrer ausgefuchsten Rhetorik so gut wie immer etwas zu verkaufen, und zwar meist Dinge, die weder nützlich noch praktisch waren. Weiters zudem zu erhöhten Preisen. Weiters gingen die Sachen schnell kaputt. Die Andrianer waren somit erste Frühspätkapitalisten. Im Jahr 1055 schob der Südtiroler Landeshauptmann

Andrian, Recyclinghof

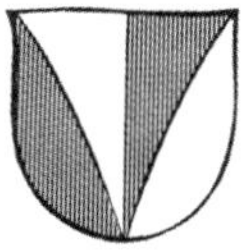

und Graf von Tirol Theodor dieser Unsitte einen Riegel vor, indem er alle Andrianer dorthin verbannte, wo heute das Dorf Andrian steht und welches bis dahin noch keinen Namen gehabt hatte. Die Urdorfbewohner freuten sich darüber natürlich kaum bis wenig oder gar nicht, aber Gesetz ist Gesetz, und seitdem heißt das Dorf Andrian.

Andrian ist heute zwischen Meran und Bozen an der Weinstraße. Geschützt vom Gantkofel, dem Hausberg, umgeben von herrlicher Naturlandschaft, am orografisch rechten Ufer der Etsch.

Altrei

Aus einem bis heute unbekannten Grund war Altrei, das damals noch nicht so hieß, im siebten und achten Jahrhundert ein bei betuchten Portugiesen sehr beliebter Urlaubsort. Nach über einen Monat Reise kamen die Damen und Herren meist in der ersten Junihälfte an und blieben den ganzen Sommer, übernachteten auf den Höfen der Bauern, oftmals auch in deren Scheunen oder Almhütten. Das Fleimstal hatte es ihnen angetan und sie unternahmen aus-

Altrei, Volksschule

gedehnte Wanderungen. Im Jahr 706 begab es sich, dass gar der portugiesische König, dessen Name leider nicht überliefert ist, anreiste und, zu aller Verwunderung, blieb. Er wollte nicht mehr nach Portugal zurück. Nach drei Jahren wurde ihm deshalb der Königstitel aberkannt, aber immerhin war er glücklich dort, wo er war. Die Einheimischen, die den König, später den ehemaligen König, versorgten und umgarnten, er zahlte nämlich auch gut, auch als er nicht mehr König war, nannten den König „Rei“, weil eben auf Portugiesisch „Rei“ „König“ bedeutet. Später dann, als selbiger alt geworden war, nannten sie ihn den „alten Rei“. Ihm zu Ehren heißt heute Altrei Altrei. Alter König.

Altrei gehört wie Aldein zum sogenannten hohen Süden Südtirols, es liegt auch ca. gleich hoch, also um die 1200 Meter über dem Meer und ebenfalls dort, wo die große Welt endet und die kleine beginnt.

Algund

Im Jahr 947 ritt ein Ritter von Waidbruck nach der Schweiz, um bei einem Ritterturnier teilzunehmen, seine Frau hatte ihn eingeschrieben. Bei Meran nahe der Töll verspürte er den heftigen und unmissverständlichen Drang, sich zu übergeben. Sollte er etwa krank werden, fragte er sich ängstlich. Er übergab sich also kurzerhand, und zwar genau an der Stelle, wo heute die relativ neue Kirche von Algund ihren Standplatz innehat, und sogleich ging es ihm auch schon wieder besser. Alles gut, sagte er murmelnd bei und zu sich, nicht ahnend, dass sich hinter einem Apfelbaum ein Apfelbauer namens Guntram befand, der ihn beobachtete und auch belauschte. Was der Ritter gemurmelt hatte, hatte Guntram akustisch nicht genau verstanden, und als er später und in den folgenden Monaten immer

Algund, Seniorenheim

wieder in der Schenke erzählte, was passiert war, nämlich dass ein Ritter sich übergeben hatte, dort, in der Nähe des Apfelbaums, wo heute die relativ neue Kirche von Algund steht, sagte er stets dazu, danach hätte dieser „Algu“ oder „Agu“ oder „Agund“ oder „Algund“ oder etwas in dieser Richtung gesagt, es sei wohl ein Waidbrucker Dialekt sprechender Ritter gewesen, er habe es auf jeden Fall nicht verstanden. Über die Jahrhunderte wurde der Ort, wo sich der Ritter übergeben hatte, dann „Wiese Agund beim Apfelbaum“ genannt, oder „Wiese Algund beim Apfelbaum“, es gab verschiedene Schreibweisen, bis dann 1348 das Dorf, das sich dort aufgebaut hatte, offiziell Algund getauft wurde, dort, wo heute die relativ neue Kirche von Algund ihren Standplatz innehat, sehr zum Verdruss der lokalen geistlichen Würdenträger, die für Sankt Guntram gewesen waren, des Bauers wegen, der so geheißen hatte und den sie schon bald heiligsprechen hatten lassen wollen.

Heute überrascht Algund als Gartendorf, wo viel Schönes blüht, und Urlaub in Algund im Meraner Land hat immer Saison.

Aldein, Carabinieristation

Aldein

Aldein wurde im Jahr 387 von Bischof Ambrosius von Mailand eingeweiht. Das Dorf war, basierend auf einer Idee desselben Bischofs, in den fünf vorangegangenen Jahren aus dem Nichts aufgebaut worden. Bischof Ambrosius, der in seiner Auslegung der christlichen Lehre sehr das Gemeinschaftliche in den Vordergrund stellte, wollte mit Aldein ein protochristlich-anarchokommunistisches Experiment versuchen. Über Jahrhunderte genoss Aldein einen autonomen Status in Südtirol. Der ursprüngliche lateinische Name „Omnistum“ (frei übersetzt „alles ist dein“) wurde im Laufe der Jahrhunderte eingedeutscht zu „Aldein“, „alles deins“. Von der ursprünglichen Idee ist heute in Aldein nichts mehr zu besichtigen.

Aldein liegt auf etwa 1200 Metern Seehöhe und wird touristisch zu Südtirols hohem Süden gerechnet, wo die große Welt endet und die kleine beginnt.

Ahrntal

Der Arhntaler Dialekt ist ein ursprünglich englischer, zurückverfolgbar bis ins sechste Jahrhundert, als Missionare von der Insel ins Ahrntal kamen. Es ist nicht gesichert, warum, denn zu dieser Zeit war das Ahrntal noch nicht besiedelt und es gab folglich auch niemanden zu bekehren. Ahrntal ist eine Verballhornung des englischen „are not all“, Kurzform „aren't all“, was so viel bedeutet wie „sind nicht alle“. Die englischen Missionare sagten „aren't all“, wenn sie gefragt wurden, ob alle da seien zur Frühmesse, die jeden Tag um halb fünf in der Früh stattfand.

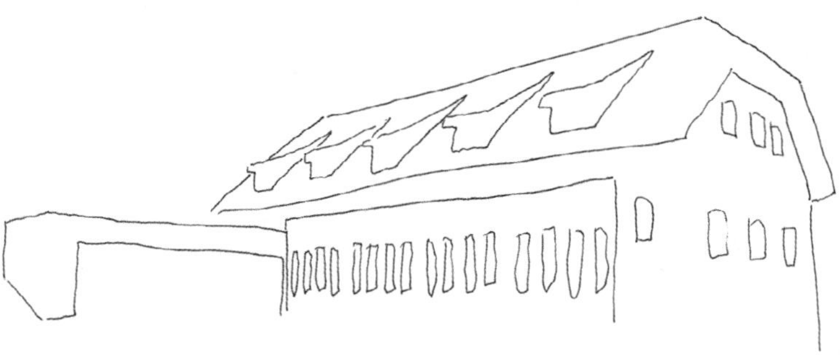

Steinhaus, Feuerwehr

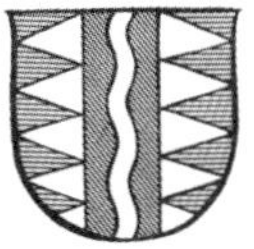

Immer fehlte einer der Mönche, was auch verständlich ist. Gesichert ist auch, dass sie diesem Ausdruck, der sich dann zu „Ahrntal“ weiterentwickelte und mit „Ahr“, „Ahrn“ auch dem Bach im Tal einen Namen gab, ein „listen“ voransetzten: „Listen, aren't all.“ Also hör zu, Obermönch, wir sind nicht alle. „Listen“ wird auch heute noch im Ahrntal verwendet und bedeutet wie im Englischen „hören“. Der Hauptort der Gemeinde ist Steinhaus, in Erinnerung an das südtirolweit erste Haus aus Stein, das dort im Jahr 603 vor Null feierlich eingeweiht wurde.

Das Ahrntal gehört heute zur Ferienregion Ahrntal, wo es den Gipfel der Genüsse gibt, im Ahrntal und in Sand in Taufers.

Abtei

In Abtei ist seit dem 24. Jahrhundert vor Null eine Abtei nachgewiesen, die zuerst matriarchale, später römische, alsdann christliche Werte und Gottheiten vertrat. Lange Jahrhunderte gab es im Tal nur diese Abtei und sonst nichts. So entwickelte sich im Laufe der Zeit ausgehend von „nach Abtei gehen", das geflügelte Wort „Abtei", das so viel bedeutete wie „nirgendwohin gehen" oder „dorthin gehen, wo es nichts gibt". „Abtei" steht also vielmehr

Abtei, Rathaus

für das Nichts denn für Abtei, das ist landauf- und -abwärts wenig bekannt. Weiters ist der Irrglaube weit verbreitet, Abtei sei durch eine Mure vom Dorfteil Lung getrennt bzw. letzterer verschüttet worden. Die meisten Bewohner von Abtei sagen heute einfach „Badia“ anstatt Abtei, was von „ba“ (bei) und „dia“ (Göttin) kommt und somit ebenfalls auf die Abtei hinweist, aber auch hier nur indirekt.

Abtei, ein Bergdorf mit bäuerlichem Charme, wo ladinische Bräuche und Traditionen besonders gepflegt werden, ist heute berühmt für weitläufige Schneelandschaften am Fuße majestätischer Felstürme. Ob beim Wandern, Klettern oder Schwimmen, hier fühlt sich jedermann sehr wohl, auch im Sommer, und gehört tourismuspolitisch zu Alta Badia.

P. S.

Für Lob als auch eventuelle Beschwerden wenden Sie sich gut und gerne an die Südtiroler Landesregierung, die nächstgelegene Polizei- oder Carabinieristation, die lokale Feuerwehr, an Ihre Bürgermeister:innen und/oder auch Landeshauptmänner:innen. Vergessen Sie dabei nicht, eine Stempelmarke mitzubringen.

Die Stempelmarke ist übrigens eine Südtiroler Erfindung, die zwar nicht direkt, dafür aber indirekt auf den Erfinder der Schreibmaschine zurückgeht, der im neunzehnten Jahrhundert in jenem Südtiroler Dorf zuhause war, das heute für das Waldbaden bekannt ist, aber auch für die Luft am Partschinser Wasserfall mit so reiner Luft wie in der Antarktis und wo außerdem Gold in der Luft liegt. Nur für ihn, damals, leider nicht. Mehr dazu vielleicht ein anderes Mal.

Der Autor möchte Dominikus Andergassen für die allerbeste Zusammenarbeit bei der Realisierung dieses Buchprojektes danken, auch für das ansprechende Layout. Weiters auch bei Alphabeta-Verlagschef Aldo Mazza, der dafür das „Nullaosta“ erteilt hat.

Jörg Zemmler

Inhalt

Reihe TravenBooks

84) Anita Pichler, *Come i mesi l'anno*
85) Gianfranco Mattera, *I fiori di Parigi*
86) Alex Boschetti, *Un interminabile inverno*
87) norbert c. kaser, *rancore mi cresce nel ventre. Poesia & prosa 1968-1978. Un'antologia*, a cura di Toni Colleselli
88) Delle Cave/Colleselli/Valente, *Premio Merano-Europa 2017*
89) Waltraud Mittich, *Micòl*
90) Lorenzo Ferrarese, *Die Riesin von Tirol*
91) Matthias Schönweger, *Der Augenblick. Der Wimpernschlag*
92) Enrico De Zordo, *Divertimenti tristi*
93) Francesca Quarta, *Winner winner chicken dinner*
94) Sandro Ottoni, *Halb ländlich. Bozen 1966. Eine Kindheit im »Semirurali«-Viertel*
95) Peter Oberdörfer, *Temperaturen der Wahrheit. Ein Lesebuch mit unveröffentlichten Erzählungen, Romanen, Theaterstücken und Gedichten sowie Beiträgen von Literaturwissenschaftler*innen und Weggefährt*innen*, hrsg. von Haimo Perkmann und Sonja Steger
96) Astrid Kofler, *Il volo dell'altalena*
97) Anita Pichler, *Di entrambi gli occhi lo sguardo*
98) Franz Tumler, *Italienische Impressionen. Eine Anthologie*, hrsg. von Ferruccio Delle Cave
99) Lene Morgenstern (Hrsg.), *Poetry Slam Südtirol. 61 Texte / 32 Autor*innen / 1 Szene*
100) Andergassen/Delle Cave/Valente, *Premio Merano-Europa 2019*
101) Bernd Schuchter, *Giorni di vento*
102) Anna Rottensteiner, *Le vite lontane*
103) Enrico De Zordo, *Traurige Vergnügungen*
104) Gabriele Di Luca, *E quindi uscimmo a riveder la gente*
105) Maxi Obexer, *La prima estate dell'Europa*
106) Kurt Lanthaler, *Il morto nella roccia*
107) Anita Pichler, *Le donne di Fanis*
108) Giovanni Accardo, Mauro De Pascalis, *Solo tredici chilometri*
109) Maxi Obexer, *Anche i cani feroci ridono (quando nevica)*
110) Oswald Waldner, *Fragmente einer Behausung*
111) Alex Boschetti, *L'ultima madre*
112) Andrea Rossi, *La casa alla fine del mondo*
113) Franz Tumler, *Memoria di un addio*
114) Benedetto Saraceno, *Le lingue della paura*
115) Lucio Giudiceandrea, *Todos caballeros*
116) Anita Pichler, *Haga Zussa. L'amante del caso*
117) Carlo Miccio, *Copula mundi*
118) Flavio Pintarelli, *Il velo*